SÉOUL, SÃO PAULO

BIBLIOTHÈQUE HISPANO-AMÉRICAINE

Gabriel MAMANI MAGNE

SÉOUL, SÃO PAULO

Traduit de l'espagnol (Bolivie)
par Margot Nguyen Béraud

Éditions Métailié
20, rue des Grands Augustins, 75006 Paris
www.editions-metailie.com
2025

Titre original : *Seúl, São Paulo*

ISBN : 979-10-226-1440-5
ISSN : 0291-0154

*ce corps depuis El Alto ou Llojeta**
ce corps définitivement dans ton désir

Blanca Wiethüchter

* El Alto est une ville limitrophe de La Paz, située à 4000 mètres d'altitude sur le plateau andin ; Llojeta, un quartier escarpé au sud de La Paz. (*Note de la traductrice.*)

I

Dans le salon il y a un monolithe. Il a toujours été là. Il est arrivé avant la naissance de ma grand-mère et nous survivra probablement à tous.

Il est encastré dans le sol.

Mesure un mètre cinquante.

Sa couleur est celle du ciment humide.

Parfois on a envie de lui faire une prière.

Celui qui a placé le monolithe ici n'a pas anticipé que les générations futures inventeraient cette chose appelée télévision, puisqu'il l'a installé pile au milieu du salon.

J'imagine tout ce qu'on pourrait mettre à la place. Une table basse pour les magazines. Un tapis pour que mon neveu joue avec ses dinosaures. Une télévision LED.

Ma grand-mère m'a raconté que, il y a très longtemps, notre monolithe a été célèbre. Des scientifiques du monde entier venaient le prendre en photo. L'un d'eux a même proposé pas mal d'argent pour le mettre dans un musée.

Mes grands-parents ont refusé la proposition. Ils croyaient aux malédictions. Ils y croient toujours : c'est pour ça qu'ils ne se séparent pas de lui.

Enfants, ma sœur et moi convoquions les voisins et on faisait la ronde autour du monolithe. Des années plus tard, quand elle s'est fiancée avec celui qui deviendrait son mari, j'ai découvert que derrière la statue, à hauteur de jambes, quelqu'un avait gravé un cœur dans lequel on lisait les initiales des amoureux.

Il a connu des temps meilleurs, le monolithe.

Nous l'appelons Tunupa.

Mais rien de tout ça n'est vraiment important.

Pas plus que le fait que Tayson ait peur de Tunupa et rêve parfois de lui.

Je divague beaucoup. Je me perds tout le temps. Nous faisons le trajet dans un minibus bondé et le visage de mon cousin a cette expression qui me déconcerte toujours. De joie et de tristesse. Tout en même temps. Joyeux et triste, comme ce numéro 9 qui est le meilleur buteur du championnat mais n'a personne à qui dédier ses buts.

Le minibus avance lentement tandis que de l'autre côté de la fenêtre des femmes installent leur marchandise. Un samedi de mai. Matin froid. Mes bottes me gênent. L'uniforme du service prémilitaire est trop petit pour moi. J'observe mon nom de famille brodé sur ma veste et me savoir meilleur que les déserteurs me remplit d'une fierté fugace.

Nous arrivons.

Nous nous mettons au garde-à-vous devant un soldat, nous entrons.

De nos matinées à la base aérienne émane une paix qui ne se désintègre qu'à l'apparition du sous-officier Sucre. Six heures et demie, les oiseaux chantent. Bleu, orange, lilas : le ciel à moitié fini.

Tayson aime la base aérienne. Il aime El Alto, sa géographie. Il dit qu'ici on a droit à l'horizon. Tu regardes, tu reregardes, dit-il dans un castillan nasillard, et tout est pampa. Tu regardes, tu reregardes, poursuit-il, et si tu regardes plus loin, l'horizon. Ce n'est pas comme à

La Paz – ça c'est moi qui le pense – où les montagnes, par centaines, te donnent la sensation d'être cerné et que s'enfuir est impossible.

Nous saluons les camarades. L'un d'entre eux, Pacheco, nous demande de lui prêter un peu de fil. Il a besoin de recoudre un bouton de sa veste. Si on me voit je suis foutu, dit-il. Le sous-off Sucre est un obsédé de l'uniforme.

J'ai du fil dans un petit kit que je garde dans la poche latérale de mon pantalon. Mais, comme je trouve que Pacheco est un branleur, ça me va qu'il se fasse défoncer.

Tayson ne pense pas pareil. Il cherche dans son barda : rien. Il demande à Chuquimia, à Aróstegui, mais rien. Alors il arrache un bouton de sa propre veste, tire sur le fil et le tend au camarade.

Merci, dit Pacheco, étonné.

Ce ne sera pas la chose la plus folle que Tayson fera ce jour-là. Tandis que le sergent Bohórquez annonce le programme de la journée avec sa voix de fumeur vaincu, j'essaie de deviner quelles idées mijotent sous le képi de mon cousin.

Pour comprendre ce que Tayson fera cet après-midi-là il faut revenir quelques années en arrière. À sa naissance : Tayson est né à São Paulo, au Brésil, le jour où la Bolivie jouait la finale de la Copa América 1997. Le match se déroulait à La Paz ; l'équipe rivale : la Seleção de Ronaldo. Ma tante Corina, sa mère, parle souvent de cette peur qui l'avait glacée en s'apercevant que les infirmiers avaient des écouteurs aux oreilles.

Ça me faisait peur, dit-elle. Dans ce pays ils sont tous fous de foot. Pire qu'ici. Pas impossible qu'en écoutant le match le docteur coupe quelque chose qu'il n'aurait pas dû couper. Et si jamais la Bolivie gagnait, pas impossible non plus que, par vengeance, les infirmiers montent la température de la couveuse et que ton cousin sorte de là brûlé.

Mais la Bolivie a perdu. Tayson n'a pas été brûlé.

Au contraire : il est né plus clair que le reste de la famille Pacsi.

Son enfance a été une bataille constante entre la langue de ses parents et la langue de son passeport. Beaucoup de portugnol. Avec aussi un peu d'aymara. La famille vivait dans un quartier de Boliviens, entre empanadas *tucumanas* et poulet frit. C'était El Alto au Brésil, raconte l'oncle Waldo. C'était comme si on n'avait jamais quitté La Paz, jamais dépassé le quartier de la Garita de Lima. Mon pote, poursuit l'oncle Waldo, avait un salon de coiffure dans la rue Coímbra, à São Paulo. Pareil que dans la rue Pérez chez nous : tu pouvais choisir entre la coupe au bol ou la militaire, tondu sur les côtés.

Contre toute attente, mon cousin a choisi de se faire onduler les cheveux.

Il avait treize ans, l'âge où on choisit beaucoup de choses :

il est devenu fan du Corinthians,

il a commencé à travailler,

il a décidé de tomber amoureux.

Je prends la carte du monde et trouve la ville natale de mon cousin : j'ai du mal à comprendre qu'on puisse naître autant à l'est. Aussi près de la mer, aussi loin de nos *aguayos*, ces tissus colorés si typiques. Tayson m'a raconté que son premier baiser a été avec une Bolivienne qui venait d'arriver au Brésil. Ils sont tombés amoureux, ils se sont fait souffrir. Tayson dit qu'il s'est remis très vite. Il ment. Un jour qu'on buvait avec des camarades de la Force aérienne, il m'a confié qu'après la Bolivienne il avait seulement eu deux autres copines. Des Brésiliennes. Avec la première ç'avait duré deux mois ; avec l'autre, moins d'une semaine.

La faute à la Bolivienne, m'a-t-il dit en me montrant une photo d'elle sur son téléphone. Maintenant je sais pas aimer en portugais.

Puis Tayson a trouvé le meilleur travail du monde. Mais avant il a dû payer son pas-de-porte à l'atelier de son père.

L'oncle Waldo raconte que Tayson était bon à la machine à coudre. Le hic c'était ce téléphone portable qui déconcentrait ton cousin, qui déconcentre tout le monde, dit-il. Je me rappelle quand les portables ressemblaient à des miches de pain. Puta que pariu, il aurait mieux valu qu'ils restent comme ça.

Tout a changé le jour où la tante Zulma (boliviano-bolivienne) a dit à la tante Ana (boliviano-brésilienne) que Tayson semblait avoir hérité de certains traits de sa grand-mère Nilda (bolivienne de naissance, argentine de père, italienne dans ses rêves). La tante Corina avait alors observé son fils et répondu que oui. Il a son teint.

C'est ainsi que Tayson a compris pourquoi sa vie avait toujours été plus facile. Ou moins difficile : si on l'emmerdait à l'école c'était parce que c'était le plus gros ragoteur, pas parce qu'il était bolivien. Si les étudiantes sexy qui montaient dans le métro évitaient de s'asseoir à côté de l'oncle Waldo, avec Tayson ça ne posait aucun problème : un jour, une blonde magnifique de Pinheiros s'était même assise à sa droite, avait déboutonné son chemisier, avait sorti un sein monumental et l'avait donné à téter à un bébé dans un body du Santos FC.

Elle était muito gostosa, raconte Tayson. Ch'aurais aimé être le bébé.

Sa blancheur avait également profité à la famille. À l'époque, les Coréens et les Boliviens se disputaient le monopole du secteur de la couture. Ils se jalousaient mutuellement. Se plagiaient.

Un Bolivien ne pouvait pas entrer dans le magasin d'un Coréen. Un Coréen ne pouvait pas entrer dans celui d'un Bolivien. Pour les vigiles devant les locaux – des Brésiliens, toujours – c'était plutôt facile.

En ça on se ressemble avec les Asiatiques, raconte l'oncle Waldo. On a beau faire ce qu'on veut, on ne peut pas cacher ce qu'on est.

De sorte que, aller chez la concurrence, acheter leurs vêtements, copier leurs modèles ou les améliorer était un vrai travail d'espion. Soit ils entraînaient le commerçant le moins aymara de la rue Coímbra et lui mettaient une casquette à grande visière, soit ils embauchaient un SDF noir et le surveillaient de l'extérieur du magasin pour qu'il ne s'enfuie pas avec le fric.

Le résultat – à supposer qu'il y en ait un – était une veste de type boléro qui deux semaines plus tard était améliorée grâce à des mains boliviennes : manchettes et coudières en tartan, le détail qui tue du médaillon ARMANI au bout de la fermeture éclair.

Tayson annulerait cette bureaucratie rien qu'en se regardant dans le miroir.

Lors de sa première incursion en terres coréennes, en plus d'un bon de réduction, il a gagné le numéro de la plus jolie vendeuse.

Playboy. Dès qu'il raconte cette histoire, Tayson utilise ce mot : *playboy*. C'était ainsi qu'il se sentait à l'époque. Comme un playboy. Très différent de ce qu'il est maintenant. Un prémilitaire aux joues tannées. Un Boliviano-Brésilien perdu en Bolivie, sans meuf et sans fric, et avec envie de crier.

Il saluait le vigile. Entrait dans le magasin. Choisissait une vendeuse. Discutait avec elle. La baratinait – gosta do forró ? – et se payait le luxe de la planter juste parce qu'une black à taille de guêpe lui avait fait les yeux doux au rayon chaussures.

Le Coréen propriétaire du local le saluait depuis la caisse. Tayson lui répondait avec un sourire. Le sourire le plus hypocrite du monde, car, derrière ses dents alignées et blanches, sa langue se débattait pour y trouver une faille et lâcher tout ce que la communauté bolivienne avait envie de crier à la figure des Coréens : Chinetoques de merde, pourquoi vous retournez pas dans votre pays ?

Mais c'était pas par nationalisme, précise Tayson. C'était par habitude. J'aime la Corée. J'aime sa culture.

Un sourire espiègle éclaire son visage dès qu'il s'en souvient : malgré les années, le bonheur procuré par cette époque lui suffit à libérer encore quelques doses d'endorphines.

Au quartier il était accueilli en héros. Il descendait du taxi, montrait son butin – tout son shopping, des sacs par dizaines – et tout le monde approchait – enfants, tailleurs, commerçants. Pareils à des groupies qui ont croisé par hasard leur chanteur préféré à la sortie du cinéma. Pareils aux pigeons de la place Murillo quand ils entendent le crépitement du maïs qui tombe par terre.

La tante Corina l'accueillait chez elle avec son plat préféré. La tante Ana lui préparait de la gelée avec de la chantilly. L'oncle Waldo ouvrait une canette de Skol – la première d'une longue série – et trinquait à son fils qui était fodão et à la Corée qui n'était pas une rivale pour la Bolivie.

Il avait même une carte de crédit, raconte la tante Corina. Et aussi une petite copine, ajoute Tayson.

À quinze ans, la plupart des mecs font les cons devant une caméra de téléphone ; à quinze ans, mon cousin avait déjà décidé quel serait son destin et quels pas il suivrait pour l'accomplir : il ferait du business avec les Péruviens, avec les Turcs, avec les autres Boliviens, il économiserait, se marierait, se casserait à Rio de Janeiro.

Tandis qu'il farfouillait dans les dernières nouveautés de la saison automne-hiver, Tayson imaginait que ce petit vent produit par les ventilateurs du local était la brise de fin de journée à Ipanema.

Il me le raconte avec ces mots : je me croyais à la plage. Il s'achèterait une voiture, ferait chauffeur de taxi, étudierait pour devenir architecte.

Il aurait un fils, qu'il appellerait Ayrton, et il oublierait São Paulo. Son froid, sa bruine, ses bâtiments dégueulasses.

Il en était là de ses hallucinations lorsque le Coréen lui a touché l'épaule.

Bolivianos não, lui a dit l'Asiatique.

Tayson n'a rien compris.

Le Coréen a fait un signe avec les mains : un vendeur s'est approché. Sur un ton aimable, le jeune homme a demandé à Tayson de bien vouloir remettre en place tous les vêtements qu'il avait sortis.

Il l'a pris par le bras, l'a raccompagné jusqu'à la porte.

C'était la première fois que ça arrivait. De retour à l'atelier, après avoir écouté ce qui s'était passé, l'oncle Waldo a pété un plomb. Le commerce est foutu. Putain de merde, et justement hier j'ai eu le feu vert pour le prêt de la bagnole.

En rentrant chez lui, mon cousin s'est enfermé dans sa chambre et a étudié son visage dans le miroir.

Était-ce l'adolescence ? Était-ce la Bolivie qui commençait à fleurir dans son corps, avec l'acné et ces petits poils fins qui poussaient sur son menton ?

Deux jours après, l'affaire s'est tassée. L'oncle Waldo et Tayson sont allés faire un tour à la foire des Boliviens. Ils ont bien mangé. Se sont soûlé la gueule. (C'était la première fois que mon cousin buvait – depuis, il associe la bière à la bolivianité ; la bolivianité à son père ; son père à la boisson : un cercle sans fin.)

T'inquiète pas, a dit l'oncle Waldo en remplissant son verre, ce doit être à cause du soleil.

...

Tu es allé jouer au foot, non ?

Oui.

Alors c'est ça. Le soleil t'a brûlé. Ta peau est plus foncée. Point barre.

Mais c'est pas une question de couleur, a pensé Tayson. Au cas où, il a quand même acheté la crème solaire la plus chère de la pharmacie et se l'est étalée chaque jour pendant une semaine. Ça n'a pas marché. À nouveau, tandis qu'il farfouillait au rayon jeans, le Coréen lui a touché l'épaule et lui a dit que les Boliviens n'étaient pas les bienvenus. Cette fois, c'est la jolie black qui l'a escorté jusqu'à la sortie.

Lorsque l'oncle Waldo l'a vu revenir à l'atelier sans sacs de shopping, dans un sourire qui ruminait déjà sa résignation, il lui a dit :

Maintenant que tu es bolivien, tu supportes quelle équipe : Strongest ou Bolívar ?

Je regarde au loin et j'aperçois les avions au repos. Dès que je les vois, ils me rappellent mes jouets quand j'étais petit. Aujourd'hui, cependant, je ne sais pas pourquoi, pendant que le sous-officier Sucre vérifie la longueur de nos cheveux et la propreté de nos bottes, je regarde au loin et je pense à un oiseau. Pas à n'importe quel oiseau. Un héron. Un paon. Ces avions ont l'air aussi dignes qu'un héron ou un paon. Ce qu'elles peuvent être chics, leurs queues. Un soldat nous a expliqué qu'elles servaient à contrôler les descentes en piqué et les lacets de l'avion, mais moi j'ai l'impression que les constructeurs les font comme ça pour rendre les avions plus respectables.

Onze heures. Hormis le bruit des bottes de Sucre, tout le reste n'est que silence. Il n'y a même pas de vent. Le drapeau tricolore bolivien a l'air d'un chiffon sale qui sèche sous un soleil timide. La hampe de la wiphala, le drapeau à sept couleurs des peuples andins, comme d'habitude, n'a pas de drapeau. Le commandant Loza a dit que c'était parce qu'elle était au lavage, mais c'est à croire que la wiphala passe sa vie au lavage.

Sucre est plus honnête. Tant mieux qu'il n'y ait pas de wiphala, dit-il. On dirait un drapeau de pédés.

Tayson sert dans une autre compagnie que la mienne. Je redresse en vain la tête et j'essaie de reconnaître son képi. Je suis Charlie, et lui Alfa. Il est chef d'escadre et moi fusilier-grenadier I. On se croise quand on ne l'a pas cherché, toujours sans faire exprès, à l'heure du mess ou de l'entraînement, par hasard, et quand ça arrive Tayson sourit avec ce petit style tellement à lui, tellement brésilien, inimitable : c'est le seul moment de la journée où sa joie ne semble pas contaminée par cette chose qui fait de son visage une image incomplète, une figure à moitié terminée.

Sucre inspecte mon escadre. Son visage face au mien. Ce que j'aimerais lui foutre un bonbon à la menthe dans la bouche ; ce que j'aimerais lui cracher dessus.

Rase-toi mieux, bizuth, dit-il en me caressant le menton, rase-toi mieux.

Bohórquez se charge de la compagnie Bravo, tandis que Sucre passe directement à l'Alfa.

Un petit vent fait frémir les contours du drapeau. Une fois de plus, les avions me distraient.

Lorsque mon regard revient au centre de la cour, Tayson fait des pompes devant tout le bataillon. Sucre compte à voix haute : sept, huit… quinze. Au bout de trente, il lui ordonne de se relever.

Maintenant je comprends : Sucre a vu qu'il manquait un bouton à la veste de Tayson, ce qui l'a rendu furieux. Rien d'exceptionnel. Sucre est de ceux qui pensent que n'importe quelle guerre se gagne d'abord par l'allure. Je le comprends en partie, car de tous les supérieurs c'est celui qui baise le plus avec les recrues féminines du bataillon, bien qu'au fond une telle obsession pour l'apparence me paraisse suspecte : un jour, tandis que sur ses ordres on nettoyait sa chambre, mon camarade et moi avons trouvé sous son lit plusieurs pots de crème antirides. On a raconté ça à un soldat, qui nous a dit qu'on n'aurait jamais trouvé une chose pareille dans le dortoir des réservistes. Sous mon lit, j'ai ma radio, ma malle et mes magazines de cul. C'est tout.

Trouve-toi un bouton, ordonne Sucre.

Le sous-officier et mon cousin se regardent dans les yeux. Tayson, qui est grand et mastoc, du genre armoire à glace, comme on dit, doit pencher la tête pour ne pas lâcher le regard de l'autre.

Sucre, bien que petit de taille, force le respect rien qu'avec sa carrure.

(On dit qu'il s'entraîne avec les rails d'une ancienne voie ferrée qui passait par la base aérienne. On dit qu'il s'est tapé la Crespo, la plus jolie prémilitaire de tout le bataillon. On dit qu'ils l'ont fait dans le hangar de l'avion Sabreliner, qu'un bizuth a tout filmé et que la vidéo circule sur le Net. Bien sûr que je l'ai cherchée : combien de fric j'ai dû claquer au cybercafé à l'angle de ma rue pour essayer de voir les nichons de la Crespo.)

Trouve-toi un bouton, répète Sucre.

...

Trouve-toi un bouton, bordel !

Mais Tayson trouve autre chose.

Tu es chaque jour plus bolivien, lui disaient ses amis brésiliano-brésiliens pour l'énerver.

Tayson n'y faisait pas attention. La réalité, cependant, se chargeait de lui recracher sa bolivianité au visage : l'oncle Waldo l'a rétrogradé vendeur de shorts dans le centre de São Paulo ; les femmes – les noires, les métisses, les blondes, les Asiatiques, les grosses, les maigres, les Congolaises, toutes – le regardaient autrement ou plutôt ne le regardaient plus.

Tout est arrivé assez vite. Et comme le malheur tient de la rangée de dominos posée sur une table bancale, le reste de la famille Pacsi a également fait l'expérience de sa propre dose de crise.

Aucun des cousins ne sait avec certitude ce qui s'est passé avec le business de la couture, mais un après-midi l'oncle Waldo est entré dans la chambre de Tayson et lui a dit qu'ils partaient en Bolivie.

Pourquoi ? a demandé mon cousin.

Le fric est là-bas, a répondu l'oncle Waldo.

Tayson est arrivé à La Paz l'hiver 2013. Il avait seize ans. Hormis les trois degrés en dessous de 0 des aubes andines, deux choses l'ont marqué pour toujours :

1. Tunupa et son expression de sérénité.
2. L'inexistence du moindre McDonald's.

Quelle est la capitale du pays ?

La Paz.

Contre qui était la guerre du Pacifique ?

Le Paraguay.

Comment s'appelle le vice-président de la République ?

Hugo Chávez ?

Parce que toutes ses réponses étaient fausses et pour d'autres raisons encore, l'oncle Waldo a obligé Tayson à faire son service prémilitaire dans la Force aérienne. T'vas faire de l'histoire, a-t-il dit. T'vas apprendre à être un bon patriote. Là-bas, pas le choix. Si tu sais pas, punition. Si t'as cinq minutes de retard, tête en bas.

Ils voulaient lui faire rentrer la patrie à coups de trique. Mais Tayson ne s'est pas laissé faire. Ou alors juste un peu. Assez pour retenir quelques dates importantes, mais pas pour se battre avec un Péruvien pour la paternité de la flûte de Pan.

Sucre fait partie de ceux qui se battraient pour ça. Je le vois à la façon qu'il a de regarder Tayson dès qu'il passe à côté de lui. Il y a là quelque chose que je ne déchiffrerai que quand je serai à mon tour devenu un étranger, un regard qui n'est pas tout à fait de la haine mais poursuit mon cousin où qu'il aille.

Pacsi, trouve-toi un bouton !

Mais mon cousin trouve autre chose :

il enlève son képi. Caresse sa tête rasée.

Et, dans un espagnol presque parfait, dit :

Je veux me faire réformer.

Sucre essaie de l'intimider du regard : comme il est plus petit, il doit garder la tête levée, comme un chihuahua sur le point de mordre un enfant, sans aboyer, calculant avec ses babines la dose exacte de rage. Tayson, pendant ce temps, le regarde, imperturbable, la tête un peu penchée, en silence aussi, comme un arbre tordu planté au bord de l'abîme.

Une bourrasque fait ondoyer le drapeau. Dans l'escadre, mes camarades se tiennent la tête pour que le vent n'arrache pas leurs képis.

Sucre insulte mon cousin avec les mêmes mots qu'il a employés la fois où il lui en a fait baver pour avoir oublié les paroles de l'hymne à la mer. Fragile. Pédé. Retourne dans ton pays, négro.

Alors ça arrive : Tayson crache par terre et prend le chemin de la sortie.

Le vent souffle plus fort, Tayson marche et, ce faisant, siffle l'hymne du Brésil, alors, l'espace d'un instant, tout El Alto semble siffler cette mélodie : les câbles des poteaux électriques remuent et, au loin, la poussière du champ de tir se soulève, tente de s'enfuir, qui sait, vers des terres plus chaudes.

Putain de bizuth !

Sucre a l'air plus chihuahua que jamais : il marche derrière mon cousin en se hâtant sur ses courtes jambes, le traite de rebelle, de Chilien, ça te parle, la hiérarchie, sale déserteur ? Le sergent Bohórquez l'escorte en compagnie de deux sous-lieutenants. L'un d'eux – Aldana – emboîte le pas aux autres et lui barre la route. Tayson l'esquive comme on évite un mendiant crasseux.

Il ne le regarde pas ni ne le touche, comme s'il pensait : je gâcherai pas mes yeux en les posant sur toi.

Tayson s'éloigne, et avec lui un groupe de supérieurs. Silence. Sauf le sergent Pari, qui observe avec inquiétude ce qui se passe depuis les rangs de la compagnie Bravo ;

aucun instructeur ne surveille les plus de cent vingt prémilitaires dont notre bataillon est composé.

On pourrait faire une révolte, me dis-je. Nous mutiner. Si on le faisait, peut-être que Bohórquez arrêterait de nous piquer notre viande au mess, les sergents de nous faire nettoyer leurs chambres, les réservistes dénonceraient la mystérieuse mort de ce bizuth (à Chayanta, pendant une excursion), Sucre cesserait de se taper les plus belles filles et nous laisserait un petit quelque chose, à nous les bleus.

Mais, à la place, on a sorti nos téléphones et on s'est mis à tchater.

II

le réveil sonne pas envie d'aller au lycée fait froid toute la vie à se réveiller dans le froid sortir dans le froid du froid au froid et demain y a service prémilitaire quelle merde il a du bol tayson de plus y aller il peut dormir le samedi moi je veux pareil même si samedi c'est le tir on va apprendre à manier le mauser les supérieurs disent que chaque balle est un chilien mort il faut pas gâcher du chilien je veux manier un mauser tirer sur tout le monde surtout sucre un jour il m'a volé ma viande il s'est moqué de ma coiffure y a pas de pain j'aime pas aller acheter le pain à cette heure-là fait trooop froid merde ce qu'il fait froid je mets un manteau ou plutôt deux pulls ou plutôt je m'emmitoufle dans une couverture celle avec des petits drapeaux sur le chemin du magasin je croise des camarades ils veulent tous être ingénieurs militaires mais ils seront tous employés de bureau ou commerçants d'autres disent qu'ils iront à l'étranger les pauvres naïfs ils disent qu'ils iront en italie aux états-unis comme si c'était si simple un débile dit qu'il ira à harvard abruti tu connais même pas ton tableau périodique je pousse la grille s'il vous plaît la dame apparaît j'achète du pain j'ai plus froid quel miracle un vrai miracle si seulement les uniformes étaient faits en couvertures

Nous habitons en face d'une rivière polluée. Marron, avec des pigeons et des mouettes sur ses rives qui picorent à la recherche de nourriture.

De l'autre côté de la rivière, avant, il y avait les bicoques des chamans yatiris. Il y a plusieurs années, l'un d'entre eux a lu l'avenir à mon père et lui a dit d'arrêter les demi-mesures, d'oser.

De suivre l'exemple de la rivière : il y a longtemps, quand j'en étais encore au stade du spermatozoïde et que papa venait de terminer le lycée, cette rivière jouait à être cristalline. Être marron était dans sa nature, mais quelque chose dans son eau l'empêchait d'assumer la saleté. Un jour, a raconté le yatiri, la rivière a renoncé à cette indécision, ce métissage, et elle a pris une couleur bronze, bronze comme le visage de mon père, le visage de cette ville, et depuis lors Río Seco, notre quartier, est devenu une zone commerciale, ultra commerciale, où tout le monde voulait ouvrir un commerce.

Tout le monde.

Sauf mon père.

S'il y en a un qui a suivi l'exemple de la rivière c'est bien l'oncle Waldo, le père de Tayson. Sa crasse commerçante, l'inverse de l'hygiène irréprochable dont mon père se gargarisait, l'a poussé à vivre au Brésil pas mal d'années, à travailler sans savoir ce qu'était le droit du travail, et il a réussi à ce que notre maison soit la plus tape-à-l'œil de la rue : grande, quatre étages, un garage et une cour, colorée, presque un *cholet*, ces habitats insolites qui n'existent qu'à El Alto.

Ma famille vit au rez-de-chaussée. Notre appartement est petit, froid. Le plus pourri de l'immeuble : les canalisations de la salle de bain marchent mal, et régulièrement il y a un tuyau qui pète, le salon est inondé et le carrelage se défait. (Ce qui explique pourquoi la moitié du sol est en ciment, et l'autre en parquet.)

La famille de Tayson, pour sa part, a le plus bel appartement de tous. Chez eux, le sol brille en permanence parce que la tante Corina le brique chaque jour et ne laisse personne marcher sans ces petits patins en tissu qu'elle dispose à côté de la porte d'entrée. En plus, ça sent bon, toujours : il y a une petite odeur de baskets neuves Bubble Gummers, comme de chewing-gum, délicieux.

Ma famille, la nucléaire, est composée de cinq personnes : papa, maman, ma sœur, mon neveu et moi. Pour les anniversaires on ne sait jamais quoi s'offrir – et, quand on sait, on n'est pas prêts à dépenser autant –, et les seules fois où il y a un contact physique entre nous c'est quand un de nos parents est tellement soûl qu'on doit le soutenir pour qu'il ne roule pas dans les marches.

La famille de Tayson est différente. Ils organisent des barbecues chaque jour férié, et leurs tournois de bingo sont tellement excitants que mes cousins et moi les préférons mille fois aux matchs de foot.

Je ne me plains pas de la situation. Pas du tout. Si mes parents étaient aussi attentifs que ceux de Tayson, je ne serais jamais arrivé deuxième dans plusieurs championnats de jeux en ligne, ni n'aurais loué ma chambre à un copain de caserne pour baiser avec sa copine, ni eu la liberté d'avoir des relations intimes avec ma main au moins trois fois par jour, de sortir à pas d'heure, de rentrer à la maison défoncé ou bourré, croiser mon vieux sur les marches, qui lui aussi débarque souvent défoncé ou bourré, nous dire froidement bonjour, aller dans ma chambre, mettre de la cumbia andina, la *chicha* la plus triste du monde sur mon téléphone, fredonner et laisser le joint ou l'alcool faire le reste.

Je préfère ça à la vie de Tayson, à cette chaleur de famille Ingalls à peau tannée, qui à la surface est colorée comme un *cholet*, mais qui dessous abrite une ombre qui a fait de mon cousin un être muet, mystérieux, avec un tas de mots empilés sur le bout de la langue, provenant de je ne sais quel enfer brésilien, fermentés par l'attente.

Quand il a appris que Tayson avait demandé à être réformé de l'armée, l'oncle Waldo est devenu fou. Je n'ai pas eu besoin d'être témoin de ses pétages de plomb, que j'imagine semblables à ceux de son frère, mon père ; ni de voir ses sourcils se joindre en un pic inversé, comme les miens dès que maman me force à aller acheter du pain le matin ; ni d'écouter les jérémiades de ma grand-mère, qui peuvent durer des heures et se confondre avec les aboiements de la chienne du voisin.

Rien qu'en voyant l'œil au beurre noir de Tayson, j'ai compris.

Je ne justifie pas le coup de poing que l'oncle Waldo a donné à mon cousin, mais je crois qu'il est important de remettre les choses en contexte. Il y a quelques mois, en avril, Tayson a arrêté le lycée. Il a dit qu'il n'arrivait pas à se faire au rythme et que ses camarades se moquaient de son accent. Mon oncle et ma tante l'ont accepté avec une sérénité qui n'a surpris personne à la maison : s'il y a bien une chose à laquelle excelle la famille Pacsi, c'est se sentir étrangère dans un nouvel endroit. Ouais, a dit l'oncle Waldo, un peu bourré, mais l'an prochain tu y retournes, tu perds pas ton temps et tu fais la prépa pour entrer à l'UMSA.

Ok, a dit Tayson, sans comprendre ce que signifiait la prépa et encore moins que l'UMSA désigne l'Universidad Mayor de San Andrés.

D'où le pétage de plomb, d'où le coup de poing qui contenait la frustration de savoir que son fils n'obtiendrait ni son bac ni son livret militaire. Qu'il était un paria, ni bolivien ni brésilien : qu'il avait sauté de l'autobus du patriotisme en marche, qu'il ne détesterait jamais les Chiliens, pas plus qu'il ne se sentirait légitime à dire sou brasileiro, porra, a gente tem cinco copas.

Que c'était un fainéant.

D'où la marmite de pop-corn et le visage hypnotisé de cette petite fille qui regardait Tayson verser du sel dessus.

C'est combien, jeune homme ? demande une dame avec un nourrisson dans le dos.

Un boliviano.

Au-delà de ses problèmes de colère, l'oncle Waldo a toujours été du genre salomonien. Pour cette raison, afin de donner une leçon à son fils, il l'a obligé à travailler comme vendeur de pop-corn tous les après-midi sur le pont de Río Seco.

Ça remboursera les sept cents bolivianos qu'on a dépensés pour ton uniforme et ton matériel, a-t-il dit.

Tayson a accepté de bonne grâce sa nouvelle réalité. Il n'a jamais été effrayé par le travail. D'ailleurs, d'après ce qu'il raconte, comparé au boulot dans les ateliers de couture, vendre du pop-corn est un jeu d'enfant. En ça nous sommes différents : sauf à l'époque où j'ai aidé ma mère à vendre des tawas frits à Villa Adela, je n'ai jamais travaillé. Et rien qu'envisager de passer ma journée à composer avec toutes sortes de gens provoque en moi des envies de voler un Mauser et de gâcher une balle qui aurait pu servir à buter un Chilien pour me la coller dans la tête.

Ça commence quand la Coupe du monde ? demande Tayson.

Dans quinze jours, je réponds.

Tu vas supporter le Brésil ?

Je pense pas. J'aime bien l'Allemagne.

Un ivrogne s'approche du chariot. Il demande cent bolivianos de pop-corn.

On n'a pas, dit Tayson.

Pourtant j'en vois plein, rétorque le soûlard. Regarde, j'ai du fric. Regarde, et il nous montre un billet de cent.

Tayson est nerveux. Moi encore plus. L'ivrogne est grand. Avec un air moqueur. Je pense au Mauser de la séance de tir et je regrette d'avoir eu envie de gâcher des balles pour me faire sauter le caisson. Si j'avais une arme, je m'en servirais pour dégommer tous ceux qui cherchent à profiter de moi.

L'ivrogne crache par terre et nous regarde en souriant. Son expression passe de l'euphorie mauvaise à un calme accueillant. D'une voix qui semble surgir de son unique neurone sain, il dit :

Ok, donne-m'en pour un peso.

Tayson lui tend le sachet de pop-corn et l'ivrogne, son billet de cent.

On n'a pas la monnaie.

Je sais pas moi, dit le soûlard en remuant le pop-corn avec la même main dont il s'est servi deux secondes avant pour se gratter le cul. C'est votre problème. Va faire de la monnaie chez celle qui vend des gelées.

Avec le temps, les clients de Tayson me semblent moins répugnants et vient le jour où je me rends à l'évidence : j'aime bien vendre du pop-corn avec lui. Un après-midi qu'on passe à s'ennuyer, nous poussons le chariot jusqu'à l'Université d'El Alto et Tayson écoule sa marchandise en moins d'une heure.

Faudra revenir, je dis.

Un instant, ça me donne l'impression qu'on peut devenir riches. Que je pourrais me trouver un chariot et le pousser tous les jours aux abords de l'université. Je fantasme même sur ce que je pourrais acheter avec cet argent. Un nouveau téléphone. Un maillot original du Borussia Dortmund. J'aimerais avoir le numéro 9, celui de Lewandowski, ou alors le 10, de l'Arménien Mkhitaryan.

Tous mes rêves s'écroulent un jour où je surprends Tayson la bouche pleine de sel. Nous sommes à une rue de l'université, je suis descendu du minibus dès que je l'ai vu avec son chariot au milieu de l'avenue. Qu'est-ce qui s'est passé ? je lui demande en tendant le doigt vers la marmite de pop-corn presque vide.

Je les ai mangés, dit Tayson.

Tu les as tous mangés ?

Tayson hoche la tête.

Soudain je me rappelle la remarque de ma sœur : qu'est-ce qu'il grossit, le Tayson. Je regarde ses pommettes de bouledogue et les compare à celles du jeune maigrichon qui est arrivé chez nous un dimanche après-midi, impressionné en voyant la face de Tunupa : entre ce

Tayson-là et celui qui s'essuie la bouche avec la manche de son sweat, il y a au moins dix kilos de différence.

Mais ce qui est bizarre, ce n'est pas ça. L'étape de croissance où nous en sommes implique que le devenir-monstre fasse inévitablement partie du fait d'avoir dix-sept ans. Moi, par exemple, j'ai du poil qui a poussé au niveau de la mâchoire et des maxillaires. Ce n'est pas encore assez pour être considéré comme une barbe, mais rien que le fait de me regarder dans le miroir et de voir ce liseré sombre autour de ma figure me rend conscient du passage du temps, de même que regarder mon petit neveu et savoir qu'il va tout seul aux toilettes ; ou approcher mon poing du visage de ma grand-mère et m'apercevoir qu'elle ne cille pas, ne bouge même pas, ne voit presque plus ; ou envoyer un message sur WhatsApp et réaliser que je suis le seul du lycée à avoir un téléphone à touches et pas un écran tactile.

Chez Tayson, le devenir-monstre inclut, outre des changements physiologiques, des altérations du comportement. J'aurais dû m'en rendre compte plus tôt. Une fois, peu après son arrivée, Tayson et moi sommes allés à la friterie de doña Romina. Il a tellement aimé ses saucisses-frites que, à peine terminées, il m'a demandé de lui prêter cinq bolivianos pour un deuxième round. Je les lui ai prêtés sans aucun problème, vu que je suis moi aussi addict à tout ce que préparent les mains de doña Romina, et nous avons commandé deux autres saucisses-frites. Rien de tout ceci ne serait bizarre si, trois jours plus tard, je n'avais pas appris que l'oncle Waldo avait accusé Tayson d'avoir volé un billet de cent bolivianos dans la commode de la tante Corina. D'après mon père, Tayson avait pris cet argent pour s'acheter dix portions de saucisses-frites et trois bouteilles de Coca de deux litres. L'oncle Waldo l'avait pris en flagrant délit : mon cousin rentrait avec ses deux sacs en plastique à la main et malgré l'inconfort essayait d'en crever un pour attraper une saucisse.

Je ne m'en suis pas rendu compte sur le moment, mais maintenant si : Tayson a un truc avec la bouffe.

Je le voie à la façon qu'il a de sucer l'os de son poulet frit : comme s'il faisait du sexe oral à un mec. Ce doit être une passion, pareil que mon amour pour le foot ou l'ardeur avec laquelle Sucre déteste les Péruviens.

Trois jours après, la scène se répète : je surprends Tayson à quatre blocs de l'Université d'El Alto et son expression honteuse me dit que, encore une fois, il a fini tout seul la moitié de la marmite.

Caralho, murmure-t-il.

T'abuses, vieux. T'as pas mal au ventre ?

Mon cousin fait non de la tête.

On rentre à pied et en silence à la maison. Une fille nous propose des petits biscuits au maïs et Tayson en achète deux. Il en fourre un dans sa bouche et met l'autre dans la poche de son sweat.

Depuis que Tayson a demandé à se faire réformer, les supérieurs et les soldats profitent de moi et me bizutent plus souvent. Un jour, un soldat avec un œil qui louche me demande d'échanger nos bottes. Il dit que les siennes sont trop serrées et que ce soir il est de garde. J'essaie de le dissuader – je lui dis même que ma mère me punira si elle apprend que j'ai perdu mes bottes –, en vain. Le soldat dit que nous les Pacsi on ne mérite pas des bottes aussi neuves, que je vais sûrement m'en servir pour m'enfuir, pareil que mon cousin.

Je suis pas un déserteur, je murmure.

Le soldat me tend ses bottes puantes.

Heureusement, la séance d'exercices matinale est annulée à cause d'une réunion des instructeurs. Puisque nous avons du temps libre, nous passons la matinée à discuter sur la pelouse et à échanger des vignettes de l'album de la Coupe du monde. L'album de Chuquimia donne envie. Il lui manque un peu moins de cinquante vignettes et il dit que lundi il achètera deux boîtes de pochettes et qu'il espère trouver les manquantes. Celui de Rodas est le plus vide, mais il a les vignettes les plus précieuses : celles de Messi et Ronaldo. Chuquimia lui propose vingt bolivianos pour celle de Messi.

C'est mort, dit Rodas, elles sont collées.

Pas grave, dit Chuquimia, y a des ciseaux pour ça.

Et avec une attitude de gangster, il ajoute :

C'est pour ton bien. Sinon quelqu'un pourrait te chourer ton album quand tu seras au mess.

Des matins comme celui-ci, la base aérienne cesse de ressembler à une prison et m'offre tout ce que je n'ai ni au lycée ni à la maison : la camaraderie. Mamani nous offre des empanadas que sa grand-mère a préparées pour l'escadre. Rodas dit qu'il a de la beuh dans son sac. D'abord on va fumer, suggère Mamani, l'empanada sera encore meilleure après.

Je ne vais pas avec eux parce que j'ai la trouille d'être trop défoncé et que Sucre s'en aperçoive. Au lieu de ça, je reste allongé sur la pelouse et j'observe les filles qui glandent en face.

Parmi elle, il y a Mendoza, celle qui me plaît. Je n'ai jamais su son prénom, donc je l'appelle par son nom de famille. Je l'ai cherchée sur Facebook mais il y a tellement de Mendoza dans le monde que je ne suis arrivé à rien. Dans un geste désespéré, j'ai créé un groupe WhatsApp où j'ai ajouté tous mes contacts de la Force aérienne. Mon idée était que ce groupe devienne populaire et que Mendoza (ou une autre jolie fille) le rejoigne. Ça n'a pas marché : aucune fille du service prémilitaire ne l'a fait et le groupe s'est transformé, comme il fallait s'y attendre, en archive de liens de vidéos porno.

Nous partons de la base vers quatorze heures. Visiblement, la réunion va se prolonger plusieurs heures et le sergent Pari nous ordonne de partir. Une fois dehors, à quelques pas de la base aérienne, je vois Tayson. Il marche à côté d'une fille que je n'ai jamais vue.

Comme ils sont tous les deux de dos, leur différence de taille surprend tout de suite : lui est grand, avec des épaules larges et des formes sphériques ; elle est petite et si mince que, lorsque Tayson la prend par les hanches, sa main foncée semble occuper les trois quarts de son buste. Je fais quelques pas de plus, peut-être dans le but de vérifier si la fille est aussi jolie de près que de loin. Et c'est le cas : elle est jolie, non, pas jolie, magnifique, et cette évidence me fiche un coup à l'ego, là où se trouvent toutes les femmes de toutes les branlettes de ma vie, ces corps qui n'existent pas ou que je ne toucherai jamais.

Une fois monté dans le minibus, un ressentiment me terrasse de l'intérieur. Je connais cette sensation : c'est la jalousie. Je l'ai déjà ressentie le jour où je suis allé au stade voir un match Bolivie-Chili et que j'ai été émerveillé par les actions d'Alexis Sánchez, un type qui vu sa couleur de peau et ses cheveux pourrait très bien passer pour un Aymara comme moi (d'ailleurs, Alexis est né à Tocopilla, territoire perdu par la Bolivie pendant la guerre). C'est exactement ce que je ressens maintenant, mais puissance dix.

Je sors mon téléphone, j'écris un message à Tayson : gro lard tu te prend pr ki ? rend moi les 10 balles que je tai prété o cyber gro tas de merde je v téclaté.

Tayson a rapporté des choses intéressantes de São Paulo. Parmi elles, du porno brésilien, du sirop de fraise, un piercing à la lèvre, des baskets Olimpikus et un disque dur externe avec deux gigas de musique coréenne.

Au début seuls les films porno m'ont intéressé, mais petit à petit la K-pop a commencé à m'intriguer. Tayson dit qu'il ne sait pas ce que cette musique fait là. Il rejette la faute sur sa cousine.

Il ment ; ça se voit. Dès que je parle de ces groupes, son regard se détourne comme le mien quand je nie que la Mendoza me plaît. Tayson, toutefois, est plus mauvais menteur que moi : quand je dis K-pop, il fait tomber par terre les pièces qu'il est en train de compter ; quand je blague en disant que la tante Corina, on l'appelle Coré, pour Coréenne, il me regarde avec une rage ancienne, putréfiée peut-être, du genre de celles qu'on garde des années pour soi et dont on ne se débarrasse pas malgré les kilomètres parcourus.

Par hasard je lis sur Internet qu'un groupe coréen est venu au Brésil récemment. J'en parle à Tayson.

Il explose, me dit que c'est la dernière fois que je parle de ça et m'insulte avec un mot que je n'ai jamais entendu de ma vie.

Cuzão.

Maintenant que je le vois de près, Tayson a l'air très asiatique. Ses yeux sont petits, bridés. Et, s'il n'avait pas la peau cuivrée, son embonpoint en ferait un bon candidat pour devenir lutteur de sumo.

S'il y en a un qui alimente ma théorie selon laquelle il y a beaucoup d'Asie dans toute cette graisse, c'est Dino, un libraire que nous avons rencontré à la Ceja. Puisque Tayson n'a jamais réussi à contrôler sa manie de manger tout le pop-corn qu'il était censé vendre, l'oncle Waldo lui a confisqué le chariot en lui disant d'aller se trouver du boulot ailleurs. Tayson a failli travailler comme vigile dans un magasin à Kiswaras, mais le patron a fait machine arrière en comprenant qu'il n'était pas bolivien.

Ici, on accepte pas les sales Péruviens, c'est un magasin pour les Boliviens, tenu par des Boliviens.

Tayson lui a précisé qu'il était brésilien.

Dégage, a dit le patron. Ça se voit clairement que tu viens de Puno.

Le besoin l'a conduit dans les rues. Un après-midi qu'il était allé à la Ceja, il a remarqué que les crieurs qui annoncent les destinations reçoivent une pièce de deux bolivianos à chaque minibus rempli. Pendant une demi-heure, il a prêté attention aux gestes, aux mots. De retour à la maison, il s'est repassé mentalement tout ce qu'il avait vu et, en montant chez lui, a répété à voix haute les noms des destinations en faisant des simagrées comme s'il était réellement en train de crier pour gagner sa vie.

Pérez ! Pérez ! Autoroute ! Estado Mayor !

En ce moment mon cousin braille à côté d'un minibus gris pendant que Dino et moi l'observons depuis le trottoir, à vingt mètres. On dirait toujours autant un Chinois, dit Dino.

Seize heures. Le soleil cogne dans notre dos et semble par moments nous griller la nuque. Peu importe. On est en mai, et l'expérience nous dit qu'il faut profiter au maximum du soleil, l'emmagasiner dans notre corps, dans notre mémoire, pareil que les bons souvenirs, qui nous manquent tant quand on est loin : Dino dit que, comme il n'y a pas eu dans sa vie un seul rayon de soleil dont il n'ait extrait le suc, il n'y a pas non plus eu un seul moment heureux que sa mémoire n'ait emballé pour conservation anti-oubli.

Il raconte qu'il n'a pas perdu une seconde, qu'il a vécu et aimé avec une telle intensité qu'il est capable de se rappeler l'odeur exacte du shampooing de sa mère, décédée vingt ans plus tôt. Il écarte les doigts et tend ses paumes vers le soleil, comme ces gens qui cherchent à recevoir l'énergie de ses rayons à Tiwanacu tous les 21 juin, pendant le nouvel an aymara.

J'ai rencontré Dino il y a deux jours, tandis que je regardais Tayson crier à côté du minibus à destination du centre de La Paz. Dino vendait des livres sur un plastique posé à même le trottoir. Il m'a demandé si j'avais un briquet.

J'en ai pas, je lui ai répondu.

Une dame qui vendait des allumettes a surgi. Dino lui en a acheté deux boîtes.

Il m'a proposé une cigarette.

Je ne fume pas.

Tu ne fumes pas parce que t'aimes pas ou parce que tu ne sais pas fumer ?

J'ai réfléchi une seconde. Si je lui disais que je n'aimais pas fumer, il me prendrait pour un lâche.

Je ne sais pas fumer, j'ai dit.

Dino a soufflé de la fumée, longuement. Il a pris un livre dont la couverture montrait un homme avec une conque dans la main.

Il me l'a tendu, la cigarette entre les lèvres.

Un petit livre, alors ? Ou tu ne sais pas lire non plus ?

Au bout de quinze minutes, Dino m'avait déjà soutiré plus d'informations que mes parents ces cinq dernières années. Je lui ai parlé de ma passion pour le Mondial débuté quelques jours plus tôt, de mon lycée que je détestais, et de cette fois où le prof de bio m'a glissé une lettre d'amour au milieu d'une copie rendue. Je lui ai même dit que j'étais amoureux de la Mendoza et que j'envisageais de payer un soldat pour qu'il aille consulter son nom complet.

Quel bordel, a souri Dino. Et pourquoi tu ne lui demanderais pas en face ? Elle ne vient pas d'une autre planète. Elle doit être aussi lâche que toi.

Dino a vingt-cinq ans, dont, d'après ce qu'il raconte, la majorité dépensée à aider sa mère dans son atelier de couture, à Buenos Aires. Il est rentré en Bolivie il y a deux ans, bien qu'il dise qu'une moitié de lui vit toujours à Flores, le quartier où il a grandi et découvert son amour pour la lecture. Il porte une casquette de guérillero tellement délavée qu'elle donne l'impression de ne jamais se séparer de sa tête. Ses pattes sont longues et pointues et ondoient dès que le vent souffle. Son apparence physique – pâlotte, osseuse – me rappelle un personnage d'animé.

Et tu vends que des livres ? j'ai demandé.

Je fais aussi des études de socio, il m'a répondu.

De socio ? Et ça sert à quoi ?

À ce que tu arrêtes de poser des questions aussi cons.

De retour à la maison, Tayson et moi n'avons parlé que de Dino. D'après mon cousin, Dino est un prétentieux qui frime parce qu'il a lu deux ou trois livres. Ils se sont rencontrés il y a une semaine, quand Tayson a rempli un minibus pour la première fois. Comme j'aime bien Dino, j'essaie de changer de sujet et je cuisine Tayson sur cette fille avec qui je l'ai vu la semaine dernière.

Araceli ? Ah oui. C'est ma… comment on dit ici ? Namoureuse ? Femme ?

Ta meuf, ta copine.

Voilà, dit Tayson. Araceli c'est ma meuf, ma copine.

Ils jouent le Mondial et ils ont la mer, les enfoirés.

Voilà ce que je dis à Tayson quand il me demande ce que je pense du Chili.

À la maison, à part mon vieux et moi, tout le monde supporte le Brésil. Papa dit qu'il n'aime pas le Brésil parce qu'il préfère la grinta à la technique, l'effort au talent, Maradona à Pelé. Les Argentins donnent tout sur chaque action, dit-il, ils jouent leur vie à chaque match. Ça, tu le vois jamais chez les Brésiliens, ajoute-t-il. Ces blacks, ils jouent bien parce qu'ils sont nés avec le physique qu'il faut. C'est tout.

Que des conneries. Mon vieux n'aime pas le Brésil parce qu'il est jaloux de l'oncle Waldo. Jaloux que mon oncle ait eu le courage de franchir la frontière et de son fric brésilien. Jaloux de ces yeux qui ont tant vu, tellement, au-delà des montagnes, sur les montagnes, l'antithèse des montagnes : la mer.

Moi, je supporte l'Allemagne et le Chili. Le milieu de terrain allemand est comme une équipe de baby-foot : les joueurs sont toujours parfaitement alignés. Ils sont symphoniques ; chaque joueur connaît l'autre, chaque ballon suit une partition, une mélodie. Quand Özil touche la balle, c'est comme si quelqu'un avait guidé ses jambes avec la manette de la PlayStation : cette subtilité et cette exactitude ne peuvent que surgir d'une insolite combinaison entre science et art, esprit et âme, algorithmes et cœur. Müller est un oiseau de proie qui renifle les buts à des kilomètres de distance. Kroos joue avec une telle élégance qu'il devrait porter un frac. Même les absences – celles de Marco Reus et Gündoğan – protègent l'équipe d'une armure supplémentaire, des jambes invisibles qui guident le ballon quand celui-ci veut dévier de sa trajectoire. C'est si beau, le foot. Je repense à la Coupe du monde 1998 en France – ou plutôt aux vidéos de la Coupe du monde 1998 –, à la victoire du Nigeria contre l'Espagne. Et me revient à l'esprit le débordement de Schweinsteiger pendant ce match face à l'Argentine il y a quatre ans, et les pleurs de Maradona, alors je me rends compte que la beauté du foot n'est pas le but, mais autre chose. Il suffit de se rappeler cet une-deux entre Alexis Sánchez et Charles Aránguiz, le spasme de David Luiz, le fantôme du Maracanazo qui plane comme un drone au-dessus du Mineirão.

Le Brésil et le Chili font match nul 1-1 en huitième de finale du Mondial 2014. L'arbitre siffle la fin des prolongations.

Tirs au but, dit le commentateur.

Tayson se lève de sa chaise, attrape sa nuque avec ses mains, soupire comme s'il allait passer un examen sans avoir révisé.

J'aime le Chili. Les joueurs se connaissent par cœur, ils s'aiment. Un de mes rêves est d'arriver à cette communion avec les gars de mon équipe, savoir à quoi ils pensent quand ils font une feinte, ce qu'ils cherchent lorsque, sur une touche, leurs yeux me regardent comme s'ils essayaient de me transmettre les coordonnées d'une destination. Le défaut du Chili, son seul défaut, c'est qu'il manque à ses joueurs ce qu'on appelle du métier : la capacité à marquer même s'ils ne font pas un bon match, ce dont les sélections comme le Brésil et l'Argentine ont à revendre.

Et ce manque de métier se traduit aussi en nervosité : le Chili rate ses deux premiers tirs au but.

Alexis Sánchez rate le sien. C'est au tour du Brésil : la caméra fixe Bravo, le gardien, puis le visage d'une supportrice brésilienne avec un chapeau de bouffon aux couleurs de son drapeau ; mon père dit qu'elle est canon celle-là : je savais pas qu'au Brésil il y avait des blondes.

Le Brésilien s'apprête à tirer quand la transmission est coupée. Tayson et son père deviennent fous.

C'est ce qui arrive quand on paye pas l'abonnement quand je dis de le faire, dit ma mère sur un ton de réprimande. Papa s'approche de la télé, triture les prises sur l'appareil. Je vois ma silhouette et celles de Tayson et de son père dans le reflet de l'écran devenu noir. Tous deux sont passés de la folie au calme et restent maintenant immobiles, rigides, peut-être en train de penser à toute la gloire ou toute l'horreur que des millions de Brésiliens doivent vivre à cet instant précis.

La sensation de bombe sur le point d'exploser dure jusqu'à ce que ma sœur Érica nous tende son téléphone et dise le Brésil a gagné, regardez.

Tayson et son père se ruent sur l'appareil. Ils sortent les leurs pour avoir confirmation de la nouvelle.

Putain, j'ai plus de crédit, dit l'oncle Waldo.

Moi non plus, ajoute Tayson.

Tiens, tiens, va au magasin et achète deux recharges de 10 ; non, prends-en plutôt cinq, ils doivent pas avoir la monnaie.

Après quelques verres, Tayson raconte à Dino sa vie à São Paulo. Il lui parle d'Itaquera, le quartier où se trouve le stade du Corinthians, et des concerts auxquels il a assisté.

Nickelback, Foo Fighters, Pennywise.

Aucun de ces noms n'impressionne Dino. Pas même lorsque Tayson raconte qu'il a écouté un concert des Rolling Stones de l'extérieur.

Le visage de Dino ne s'illumine que lorsque mon cousin, déjà défoncé par la blanche qu'il sniffe en cachette dans les toilettes, parle du jour où le Coréen l'a expulsé de sa boutique en comprenant qu'il n'était pas brésilien.

Bordel ! s'exclame Dino. Il y en aurait pour une thèse entière, ou un film.

Il ouvre une autre bouteille de rhum.

C'est petit chez Dino. Une garçonnière au dernier étage d'une maison à Ciudad Satélite. Les murs sont décrépis et, pour cacher la misère, Dino a mis plein de posters, parmi lesquels se distingue un Jésus-Christ avec la tête en bas.

Et donc, avec tout ça, demande Dino, tu te considères brésilien ou bolivien ?

Tayson regarde son verre vide, joue avec. Quelques secondes plus tard, il répond :

Je sais pas. C'est ça mon problème.

Et toi t'en penses quoi ? je demande à Dino, enhardi par les quatre verres de rhum frelaté qui circulent dans mon organisme. Bolivien ou brésilien ? Il a une tête de quoi, mon cousin ?

Dino mélange le rhum au soda dans une carafe sale. Il en verse le contenu dans nos verres.

Aucun des deux, répond-il. Ni bolivien ni brésilien. Toi, Taycito, t'es pareil que nous : aymara.

Les vacances d'hiver approchent, même si ça n'aura pas grand-chose à voir avec des vacances: au lieu du lycée, je vais devoir aller tous les jours à la base aérienne, de sept heures à quinze heures.

Tayson me suggère de ne pas y aller. Dino va dans son sens. À la vitesse où les droits progressent, dit-il, bientôt, le livret militaire obligatoire pour accéder à un poste, ce sera inconstitutionnel. Regarde: moi je suis pas allé à la caserne parce que j'étais en Argentine et on m'a jamais demandé de livret pour quoi que ce soit.

La veille du premier jour de service, Tayson et moi allons nous promener à Abajo. C'est la première fois qu'on prend le téléphérique. Mon cousin est heureux: il me demande de le prendre en photo.

Je fais le point, regarde dans le viseur: Tayson a l'air plus gros que d'habitude, son visage est ultra tanné par le soleil à force d'avoir braillé dehors sans casquette, et maintenant il ne s'habille plus qu'en noir.

En quelques jours à peine, mon cousin est passé de petit gros affable à gros emo à la con.

En plus, il kiffe la K-pop. Cette information constitue un motif plus que suffisant pour me venger du fait qu'il ait une copine, mais il y a quelques jours j'ai vu une vidéo qu'il a partagée sur Facebook et, à vrai dire, je n'ai pas trouvé ça complètement désagréable. Ensuite j'ai cherché d'autres chansons coréennes connues, et mes oreilles ont oscillé entre dégoût et délectation. Elles m'ont plu et en même temps déplu. Elles m'attirent et me rebutent. Je me dis que c'est ce que doivent ressentir les gens qui n'acceptent pas pleinement leur sexualité. Je comprends que dalle aux paroles, mais peu importent les paroles quand BoA Kwon danse à l'amour et que tous ses gestes appellent à la branlette.

Une autre que j'aime bien, c'est Lee Michelle : moitié noire, moitié coréenne. (Quelque chose me dit que la voix de Mendoza ressemble à la sienne.)

Without you neo eobsi nan gwaenchanh, disent les paroles d'une chanson.

Tayson me demande à quoi je pense.

À rien, je lui réponds, déconcerté. J'en refais une. La dernière était floue.

Nous arrivons à la Zona Sur quand le soleil devient plus insupportable que jamais. J'enlève ma veste, mais l'odeur de mes aisselles m'oblige à la remettre. Vu que les téléphériques de La Paz ne s'arrêtent jamais, il faut se dépêcher de sortir avant que la porte se referme et que la cabine continue d'avancer sans ralentir. Tayson ne le sait pas et reste assis sur le siège tandis que je sors de la cabine. La porte se ferme. La cabine s'éloigne avec mon cousin dedans. Nous nous regardons à travers la cloison transparente. Tayson s'en va et moi je sors mon téléphone pour capturer ce moment.

Zona Sur, La Paz. Quinze heures trente. Ça se voit qu'on n'est pas d'ici parce qu'on est les seuls à chercher la chaleur. Eux, les locaux, fuient le soleil parce qu'ils y sont habitués. Ils viennent d'Achumani ou de Los Pinos, avec leurs sacs à dos Totto pour uniforme et une langue qui pue l'anglais de cours particuliers, des manières qui ont l'air de dire je suis bolivien mais pas trop quand même. Entre eux et nous, il y a cinq ou six degrés de différence, assez pour définir un état d'esprit, le ton de la voix, le choix d'un chemin.

Il fait chaud dans la Zona Sur, pour un peu que chaud soit synonyme de pas si froid. Eux, les locaux, recherchent l'ombre, se protègent sous des stores, mettent de la crème solaire. Nous, qui venons du vrai froid, avons appris à profiter de la moindre chaleur. Jamais de crème solaire. Jamais marcher à l'ombre. Nous avons besoin de chaleur. Et si on met une casquette, ce n'est pas pour intercepter un quelconque rayon de soleil mais pour cacher nos cheveux rebelles. Tant pis si on porte un col roulé ou un sweat à capuche, si on n'a pas d'argent pour se payer un jus et si on a la gorge pareille à un Sahara des Andes : dans le Sud, on cherche la chaleur pour l'emmagasiner et l'utiliser plus tard.

Je sais que je ne suis pas d'ici parce que je prends le soleil sur un banc d'Irpavi et je sens que je fais de la photosynthèse.

III

Les deux semaines d'instruction quotidienne s'avèrent moins épouvantables que ce que je craignais. Dans une certaine mesure, elles me paraissent même agréables. Le terrain n'est pas facile, c'est sûr, mais je me débrouille bien à l'entraînement et gagne le respect de mes camarades. Les instructeurs comme les prémilitaires semblant avoir compris qu'il s'agissait de la dernière ligne droite de tout ce cirque, les punitions sont de moins en moins dures et notre volonté de faire les exercices est stimulée par le fait de savoir que tout ceci sera bientôt terminé. Un autre stimulus est la promesse de nos supérieurs : après le dernier entraînement, dix d'entre nous, les plus balèses, sauteront en parachute du Robinson R44.

Le meilleur jour de l'instruction a lieu ce jeudi où le sous-lieutenant Aldana apporte un ballon. Il nous ordonne de constituer des équipes de six. Je forme la mienne avec Chuquimia, Mamani, Salas, Pacheco et Aróstegui.

Nous jouerons en bottes sur ce terrain où, d'après la légende, un sergent a attrapé ce rat géant qu'il a mis dans la gamelle des cadets mutins. La compagnie Charlie fait huit équipes, assez pour jouer des quarts de finale à éliminations directes.

Attendez, attendez, dit le sous-officier Pari. Les supérieurs aussi, nous avons une équipe.

Fanfaron comme toujours, Pari annonce que l'équipe des soldats affrontera toutes les autres. Les champions seront ceux qui arriveront à les battre.

Sucre débarque en tenue de la sélection bolivienne. Prenez-en de la graine, les bizuths, dit-il en s'échauffant, prenez-en de la graine.

Assis sur la pelouse en attendant notre tour d'entrer sur le terrain, mes camarades et moi nous répartissons les postes.

Chuquimia, qui est resté muet pendant tout l'échauffement, dit qu'on doit se motiver.

Fais pas ta fiote, dit Pacheco.

C'est toi la fiote.

Il sort une flasque de la poche de son pantalon.

On va s'échauffer un peu alors, ajoute Chuquimia.

Il se frotte les mains.

Aróstegui suggère qu'on aille picoler dans le hangar du Fokker 27, qui est à l'écart en plus d'être spacieux. Et le match ? demande Salas. Fais pas ton pédé, dit Chuquimia, il y a sept équipes avant nous. Sachant que les instructeurs doivent jouer contre chacune. Un match dure au moins vingt minutes… Vingt fois sept… Merde, je sais pas. Bon, en gros, on a plus d'une heure.

À mi-chemin, Mamani sort un joint de la poche de sa veste. Ce doit être de la beuh importée vu que, quand on arrive au hangar, tout le monde s'est suffisamment adouci pour que je n'aie pas honte de fredonner cette chanson d'amour qui ne me sort pas de la tête. Chuquimia m'imite.

La porte du hangar coulisse facilement. En même temps, le Fokker c'est le joujou du capitaine, dit Aróstegui, pas étonnant qu'elle soit bien huilée, la porte. On trouve l'interrupteur après avoir tâtonné quelques minutes. Je ne sais pas si c'est normal, ou si c'est le pétard, mais en tout cas, en allumant la lumière, le Fokker nous semble moins monumental que ce qu'on croyait.

Tout ce foin pour ça ? dit Chuquimia.

Le Fokker 27 est un avion avec moteur à hélice de chaque côté. Son nez est rayé, comme si quelqu'un avait passé plusieurs fois une pièce de monnaie dessus. Les hublots se trouvent sous les ailes. Sur un côté on lit : ARMÉE DE BOLIVIE. Fabrication hollandaise, dit Mamani en faisant tourner une hélice. Aróstegui se prend en selfie avec l'avion derrière.

L'alcool et le pétard nous détendent immédiatement, et on oublie le match. Quelqu'un met de la musique sur son téléphone. On se fiche pas mal qu'un conscrit puisse nous entendre.

Mamani s'approche de moi. Il passe son bras autour de mes épaules. Me demande :

Je peux te dire un truc ? J'ai toujours trouvé que ton cousin était un gros con. Toujours à se la jouer cool. J'ai souvent eu envie de lui péter la gueule.

Pacheco se joint à la conversation :

Ouais, Pacsi 2 c'était une vraie tapette. Moi, je te le dis comme un pote. Toi et ton cousin, aucun rapport.

Pourquoi il a déserté ? demande Chuquimia. Il veut pas servir la patrie ? Il se prend pour qui, celui-là ?

Ça le regarde, je réponds. Pour changer de sujet, je parle du beau Mondial qu'est en train de faire le Costa Rica.

Mais Pacheco reste sur sa faim :

Il est pour le Brésil, l'autre Pacsi, hein ? Pauvre tache.

Chuquimia sort un autre joint d'une poche de son pantalon. Allez, on va se détendre. On se détend, les gars.

Pacheco ne fait pas attention au joint (et me laisse ainsi entendre qu'il n'en a pas fini avec mon cousin).

Il est pour le Brésil, ce connard. Si jamais je le croise dans la rue, je lui apprendrai à aimer le drapeau.

Le joint maintenant entre les lèvres, il ajoute :

J'espère que c'est pas de famille, la lâcheté.

Tu te calmes, je lui dis.

De quoi je me calme ?

Tu veux savoir, petite salope ?

Je me plante devant Pacheco et remarque la constellation de boutons sur son menton. Pacheco imite le regard de Sucre : si ses yeux étaient des poings, mon visage serait déjà couvert de bleus.

Salas s'interpose. Tout doux, tout doux, les potes. Soudain, nous entendons des pas. La tension nous paralyse tous.

Quelqu'un toque à la porte du hangar. On éteint la lumière et on se cache derrière l'avion. À nouveau, quelqu'un toque à la porte. Plusieurs fois, d'abord avec le poing puis avec une pièce de monnaie. On attend presque une demi-heure que celui qui toquait semble s'être éloigné. Je profite de la pénombre pour voler le képi de Pacheco.

C'était qui, putain ? demande-t-il, stressé.

Je jette son képi par terre. Mamani propose qu'on sorte.

Dehors, nous tombons sur Pinto, un petit rat de la compagnie Beta que personne ne respecte. Sucre m'a demandé d'aller vous chercher, dit-il. Il est furax. Vous deviez donner le nom de votre équipe et votre liste de joueurs. Il a dit que ce devait être un nom d'équipe du Mondial.

On s'appelle comment ? demande Aróstegui.

L'un propose l'Allemagne, mais un autre dit que d'autres ont déjà dû choisir ce nom. La Bolivie, dit Mamani. Abruti, la Bolivie ne joue pas la Coupe du monde.

On arrive sur le terrain et on n'a toujours pas de nom. J'ai envie de vomir, je pense à Tunupa le monolithe, j'imagine que je le caresse et que son contact me donne du courage. Et avec la voix la plus énergique que ma gorge de dix-sept ans puisse poser, je dis :

On sera le Chili… Rien à foutre.

Finalement, nous choisissons les Pays-Bas et au bout de quinze minutes nous perdons déjà 6-0. Rien de plus logique puisqu'on est tous foncedés dans mon équipe et que les instructeurs jouent avec les bonnes chaussures.

La beuh qui circule dans mon cerveau me fait fantasmer que je pète la jambe de Sucre. J'imagine le bruit de l'os qui casse. Son visage se tord, son humanité s'écroule, la poussière se soulève, ses yeux regardent le ciel et les nuages gris annonçant une existence sans jogging le matin, sans coup de pied au cul des cadets paresseux, sans doggy style.

Un petit pont du sous-off Pari me réveille. Merde, Pacsi, dit Mamani, fais gaffe, quoi.

Comme il fallait s'y attendre, aucune équipe n'arrive à battre celle de Sucre, alors les instructeurs s'autoproclament champions et leur prix consiste en une coupe improvisée qu'une escadre de la compagnie Bravo a fabriquée avec des bouteilles en plastique. Tandis qu'on ramasse nos bardas, le sergent Bohórquez débarque et ordonne que personne ne sorte du régiment.

Votre attention! crie-t-il. La tablette du sous-lieutenant Aldana a été volée.

D'après ce qu'il dit, l'appareil a disparu du sac du sous-lieutenant qui se trouvait sur la pelouse parmi ceux des prémilitaires. Allez saloperie de voleurs, allez les bizuths, dans la cour centrale et laissez-y vos affaires, dit Bohórquez. Personne ne sort d'ici tant que la tablette n'a pas fait sa réapparition.

Aldana est un jeune militaire. Il a la peau blanchâtre, la tête de quelqu'un qui a toujours l'air sur le point de prendre froid. Quand il parle de son objet disparu, ses lèvres tremblent et il a l'expression d'un petit garçon qui va se faire déboîter par ses parents s'ils apprennent qu'il a perdu son appareil. Comme il n'a pas d'autorité suffisante pour nous faire trembler avec ses insultes, pendant qu'il parle on chuchote entre nous et on s'envoie des textos.

Après avoir fouillé les sacs de tous les prémilitaires du bataillon sans rien trouver, Sucre nous ordonne de nous organiser entre nous pour retrouver le voleur.

Débrouillez-vous, dit Sucre, je vous donne une heure. Vous avez une heure pour faire réapparaître la tablette. Cherchez dans tout le régiment. Je ne sais pas, moi. Peut-être que le voleur a changé d'avis et qu'il a caché l'appareil sous un avion. Cherchez, parlez entre vous. Chefs d'escadre, de la poigne, faites-vous respecter.

Les recherches, cependant, deviennent un joyeux bordel. Les escadres se mélangent entre elles et, très vite, ce qui devait arriver arriva : les plus de huit cents jeunes de sexe masculin qui forment le bataillon font tout pour se rapprocher des moins de cent prémilitaires de sexe féminin.

Mamani me présente deux filles. L'une, celle avec les cheveux crépus et des seins énormes, s'appelle Carol ; l'autre, avec les cheveux raides et courts, a un prénom bizarre : Vida, vie. (C'est étrange d'apprendre le prénom de quelqu'un dans cet endroit. Ici, tout le monde est un nom de famille. D'ailleurs, en dehors des prénoms des neuf camarades qui composent mon escadre, Carol et Vida sont les premiers prénoms que j'entends depuis très longtemps.)

Ce serait bien d'avoir un peu d'alcool. Ou de beuh. Bien que, réflexion faite, je ne crois pas qu'il y ait besoin d'alcool ni de drogues. Il y a des filles, et c'est suffisant pour mettre de l'ambiance et que quelques camarades avec qui on n'a jamais parlé s'approchent de nous. Chuquimia est l'un des plus désinhibés avec les filles. Il s'accroche à Carol et la convainc d'aller chercher la tablette avec lui près des grillages.

Nous autres nous battons pour attirer l'attention de Vida. Elle, en revanche, nous parle avec naturel, en regardant à la fois tout le monde et personne. Elle évoque ses projets. Sourit.

Elle va au lycée à Ciudad Satélite et nous dit qu'elle est inscrite en prépa Architecture, à Abajo. Quand elle nous demande ce qu'on veut faire après le bac, ils disent tous qu'ils veulent entrer à l'armée. Je garde le silence. Et toi ? me demande-t-elle, et avant cet instant je ne m'étais pas rendu compte que dans moins de cinq mois le lycée serait fini et que le moment était venu de penser à ce que les adultes appellent *avenir*. Je ne me vois pas aller à l'université. Ni devenir commerçant. Je pense à tout ça tandis que Vida m'observe avec ses grands yeux globuleux. Deux ronds qui sont deux mondes en soi, deux gueules de loup qui semblent crier : voilà l'avenir, c'est ça ! Au loin, les tons de l'horizon annoncent l'arrivée de la nuit, et cette combinaison, yeux + coucher de soleil + avenir, me retourne l'estomac et projette dans mon esprit des images possibles de ce que la vie me réserve : un stand de gelées à la Ceja, un minibus vide, un chauffeur bedonnant (moi) pestant contre un scooter imprudent, le ventre d'une femme enceinte, les sourcils froncés de mon père apprenant que je n'irais pas à la fac, la casquette de Dino sur ma tête, un bar pourri de La Paz, un bus à destination de São Paulo.

Je pense prendre une année sabbatique, je dis.

Tu pourrais intégrer l'école de sergents. Tu as un port de militaire, dit Vida.

Je ne lui dis pas que je suis blessé qu'elle me voie seulement en sergent et pas en sous-lieutenant.

À la place, je copie la stratégie de Chuquimia et lui propose qu'on aille chercher la tablette ailleurs.

Nous marchons lentement. On ne commence à discuter qu'une fois suffisamment éloignés de nos camarades.

J'ai hâte de sauter en parachute, je lui dis.

Tant mieux pour toi. Malheureusement ils laisseront pas les filles sauter.

Vraiment ?

Ouais, trop nul.

Nous parlons de la vie sur la base aérienne et nous retrouvons vite à court de sujets de conversation. Le soleil est une boule rouge à l'horizon. Je le regarde attentivement, comme pour tenter de m'inspirer de sa splendeur. Vida consulte son téléphone. Elle prend une photo du coucher de soleil.

T'as un mec ? je demande, histoire de dire quelque chose.

On a rompu il y a un mois. Et toi ?

Pareil. Ça s'est fini récemment.

Tu l'aimais ?

Je ne sais pas quoi répondre : si je dis oui, Vida pensera peut-être qu'il y a encore un truc entre mon ex-copine fictive et moi, et ça lui coupera l'envie si je tente quelque chose ; si je dis non, elle croira que je suis un cœur de pierre qui ne pense qu'à baiser. Je réponds ce que j'aurais voulu entendre : je l'ai aimée… mais juste un peu.

Elle me parle de son ex-copain avec émotion. Il s'appelle Ismael et a neuf ans de plus qu'elle. Ils se sont rencontrés sur Facebook. Il likait toutes les photos qu'elle postait ; Vida faisait pareil, jusqu'à ce qu'un jour il lui demande : et si on se voyait au lieu de se liker ?

Son culot lui a plu et ils se sont rencontrés le soir même. Ils sont sortis ensemble dans la semaine.

Il était mignon, dit Vida, mais il avait une femme.

La rue est large et poussiéreuse. Sur le trottoir de droite, plusieurs chiens prennent le soleil, les yeux mi-clos. Ils me regardent passer, m'examinent ; l'un d'eux, court sur pattes avec une cicatrice sur le museau, fait mine de vouloir se lever, de calculer sur ses babines la dose parfaite de rage, de venir m'attaquer. Le soleil à cette heure, cependant, semble plus fort que son instinct protecteur, plus fort que ma capuche de gangster et le long historique d'agressions dans cette ville : le chien détourne le regard.

Je passe mon chemin. M'arrête devant une échoppe. La dame dort et ça me donne envie de prendre un paquet de pop-corn, de le mettre dans la poche de mon sweat et m'enfuir. Je suis sur le point de devenir un voleur quand une petite fille sort de nulle part et demande s'il y a de la gelée. La femme se réveille. Nos regards se croisent. Je sens que ses yeux peuvent lire ce qu'il y a dans les miens, alors je tourne les talons et m'éloigne le visage en feu.

Les matinées à El Alto sont silencieuses, du moins dans les quartiers les plus excentrés. J'essaie de faire ce que Dino m'a conseillé : profiter du soleil du matin, m'asseoir sur un banc et lire un des livres qu'il m'a prêtés. Mais je n'y arrive pas. Je veux juste marcher, marcher. Monter dans un minibus, descendre à un arrêt, marcher encore. Avancer et voir si je tombe sur un terrain de foot où ils auraient besoin d'un milieu de terrain avec une bonne frappe. Avancer et voir si je tombe sur une femme qui me fasse oublier Vida et Mendoza. Dino dit souvent que lire c'est être transporté dans des lieux inconnus. Je ne suis pas convaincu. À quoi bon un livre si j'ai des pieds. À quoi bon lire puisque je peux lever les yeux, contempler les nuages qui semblent se précipiter sur El Alto et me surprendre comme si c'était la première fois.

Ça fait une semaine que je ne vais plus au lycée, depuis la fin des vacances d'hiver. J'ai passé mes deux premières matinées libres avec Tayson ; on a joué des heures à *Warcraft* et on s'est promenés dans les rues de Villa Ingenio. Aujourd'hui on devait aller à La Paz découvrir la forêt du Bosquecillo, mais sa copine est tombée malade et lui a demandé de rester auprès d'elle à la maison.

Je marche dans Kiswaras et un chien me renifle le mollet. L'animal est gros et ses crocs semblent mieux garantir la sécurité du quartier que ces mannequins de chiffons suspendus aux poteaux électriques par les habitants pour dissuader les délinquants. On dirait qu'il va m'attaquer, mais, au lieu de ça, il sort sa langue et remue la queue.

Je commence à croire que les chiens ne m'attaquent pas parce qu'ils ont compris qu'entre eux et moi il n'y a pas beaucoup de différence : nous sommes des vagabonds et nos buts ultimes sont de profiter des endroits ensoleillés et de trouver une femelle avec qui nous accoupler.

Le lendemain, sur l'avenue 6 de Marzo, un homme qui ressemble à mon père descend d'un bus. Dès que je le vois, je traverse la rue en courant si vite qu'ils doivent être plus d'un à croire que j'ai volé quelque chose.

Pourquoi tu rentres si tôt ? me demande ma sœur.

Le prof nous a laissés sortir avant parce qu'il avait une réunion avec le directeur.

Un vendredi midi, j'entre dans un restaurant de la Ceja et je commande un *chicharrón.* Hormis la présence de la patronne, l'endroit est vide. Je mange à une telle vitesse que je manque de m'étrangler avec une patate. Une fois que j'ai terminé, je profite que la patronne a le dos tourné pour partir sans payer. Je cours aussi vite que, d'après ce que disent Sucre et mon père, courent les Péruviens. Quand je suis suffisamment loin, je m'accroupis avec l'envie de vomir. Les pièces que je viens d'économiser et que je caresse par-dessus la poche de mon pantalon me font tenir.

D'ailleurs, à la maison, personne ne se rend compte de rien. Ce doit être à cause du Mondial. Le Brésil joue demain contre l'Allemagne, papa et l'oncle Waldo ont fait un pari dément : le frère dont l'équipe perdra devra acheter une télé LED à ma grand-mère avant la finale. Ce n'est pas que papa soit en condition de respecter sa parole, mais ça fait un moment que lui et l'oncle Waldo sont empêtrés dans une guerre froide qui a contaminé l'état d'esprit de toute la famille. Ce pari, je crois, est un moyen d'éviter les disputes, les complaintes d'ivrognes, les vengeances du style faire tomber exprès du fil à linge les vêtements de l'autre ou tramer des plans pour récupérer tout l'héritage.

Le jour du match, Tayson et son père accrochent à la fenêtre de chez eux un drapeau du Brésil. Le salon est plein. D'hommes... Les femmes préparent une *fritanga* de porc dans la cuisine en écoutant tout bas Radio Chacaltaya.

L'oncle Waldo passe son chapelet autour du cou et parle à Tayson en portugais. Un portugais très brésilien, avec l'accent de l'émission religieuse *Pare de Sufrir* et les simagrées incluses. Je regarde la composition des équipes sur mon téléphone en attendant un message de Vida. On s'écrit tous les jours, et recevoir ses émojis est ce qu'il y a dans ma vie qui se rapproche le plus d'un baiser.

Pour ne pas reproduire ce qui s'est passé pendant le match contre le Chili, l'oncle Waldo et les invités ont poussé le volume de leurs transistors au maximum. Un commentateur à la voix nasillarde dit que ce sera une promenade de santé pour le Brésil.

Le match va bientôt commencer. Tu te rappelles quand on est allés à ce stade ? demande l'oncle Waldo en espagnol. Mon cousin fronce les sourcils, comme s'il ne savait pas de quoi il parlait.

Tu t'en souviens pas, fiston ? insiste l'oncle Waldo. On avait vu un Cruzeiro-Atletico Mineiro.

(Quelques jours plus tard, Tayson m'avouerait que son père avait dit ça juste pour rendre jaloux mon père.)

Le match commence : aucun des transistors d'El Alto ni aucun de ces gros livres que Dino range sur son étagère ne suffiraient à décrire ce que j'allais vivre quelques minutes plus tard. Je vais donc résumer : le match s'achève sur un score de 7 à 1 pour l'Allemagne ; l'oncle Waldo quitte le match dix minutes avant la fin ; papa éteint la télévision et son expression me dit que c'est le plus beau jour de sa vie.

Vida me répond vers minuit. Par dignité, je décide de ne lui réécrire que dans une heure. Mais le sommeil a raison de moi, et le cauchemar qui me hante inclut l'image de Vida en train d'embrasser Sucre et les visages de centaines d'enfants brésiliens pleurant sur la pelouse du Mineirão.

Tayson ne tient pas longtemps comme crieur de minibus. Rapidement, il se rend compte qu'il peut gagner plus en faisant autre chose et demande à travailler dans l'atelier d'un oncle qui vit à La Paz. Il n'arrive à rien et, quand il tente de récupérer son poste de crieur, un gros au visage tailladé lui dit qu'il doit verser deux cents bolivianos pour intégrer le *syndicat*.

Tayson essaie de baratiner un chauffeur, mais deux gamins crieurs débarquent et le menacent avec des couteaux.

Vu que je ne vais plus au lycée, mes journées se font longues, alors je propose à Dino de vendre ses livres quand il a cours ou qu'il est très occupé. Tayson, qui a entre-temps su marier son culot brésilien au culot andin qui fait des étincelles dans le marché de la Dieciséis, en profite pour faire pareil : si tu veux, dit-il, je travaille gratuitement les premiers jours.

Dino dit que s'il a monté ce commerce c'est parce qu'il déteste travailler avec des gens qui ne comprendront jamais la valeur de l'écrit. Mais, comme on est tous aymaras, il fera une exception.

Entre Aymaras, on ne peut pas se marcher sur le poncho, dit-il.

Sa seule condition est qu'on lise un livre entier au moins toutes les deux semaines. Du coup, deux jours plus tard, Tayson et moi déplions le plastique sur la place de Ciudad Satélite, en regrettant de ne pas avoir pris de casquette, et essayons d'activer ce radar commerçant dont, d'après Dino, tous les indigènes Collas héritent, avec leur couleur de peau et une prédisposition à la beuverie.

Notre premier client est un barbu à blouson de cuir. À force d'accompagner Dino à la Ceja, je me suis entraîné à reconnaître la fibre lectrice dans les yeux des gens… Ou peut-être que c'était la façon dont l'homme a caressé le livre, sa façon de fouiller dans les exemplaires soldés à cinq bolivianos, une manière de fouiner que j'associe à la manière dont les hommes seuls doivent chercher l'amour de leur vie dans chaque femme qu'ils croisent dans la rue.

En tout cas, je savais que le barbu prendrait quelque chose dès que je l'ai vu s'accroupir pour regarder la marchandise. Notre première vente : l'homme paye rapidement, comme s'il achetait de la drogue, et Tayson lui demande de nous prendre en photo avec le billet qu'il vient de nous donner.

Ce sont des jours – j'en suis sûr – que je regretterai d'ici quelques années. Tayson s'est avéré plus pornophile que ce que j'imaginais. Il connaît des sites dont ni moi ni aucun de mes camarades de la Force aérienne ne soupçonnions l'existence. Pas un seul jour ne passe sans qu'il m'envoie le lien d'une vidéo qui, à son avis, mérite une bonne giclée : ce matin il m'en a envoyé une d'un couple qui a été filmé en train de baiser au mirador de Killi-Killi.

Vous avez du Osho ? demande une fille à la peau fantomatique.

Non, on n'a pas, je réponds.

Il est dix-huit heures, c'est un vendredi où il fait doux. L'hiver nous a accordé une trêve et je peux m'offrir le luxe de ne porter qu'un pull. On est devant l'entrée de l'UMSA et on a pour l'instant vendu une dizaine de livres. Tayson est de bonne humeur : sa commission de cette semaine atteint les quarante pesos, assez pour se payer quelques heures d'hôtel avec sa copine.

Dino arrive vers dix-neuf heures. Il est un peu défoncé et nous propose des hamburgers pour fêter notre *fibre commerçante colla.*

Qu'est-ce que vous allez faire de votre commission ? demande-t-il en s'allumant un autre joint. (D'après lui, pour donner plus de goût à son hamburger.)

Je vais partir avec mon amoureuse.

Moi qui croyais que t'irais t'acheter des trucs de K-pop, je dis pour rigoler.

Pourquoi pas, dit Tayson, pourquoi pas.

Son bon esprit m'étonne : il y a encore une semaine, lui parler de K-pop était un motif suffisant pour lui faire marmonner des insultes en portugnol. C'est comme si tout le nuage d'amertume qui enflait à l'intérieur de lui s'était déplacé… dans ma tête à moi ?

Dino tire une taffe sur son joint non sans avoir vérifié que personne ne nous observait. Il dissipe la fumée avec sa main. Il fait une remarque : intéressant, cette histoire de K-pop. Mon hypothèse est que les Boliviens aiment cette musique parce que c'est plus facile pour eux de ressembler à leurs idoles. Je veux dire, c'est plus facile de se maquiller et de se faire passer pour un Coréen que de se teindre les cheveux et faire genre d'être Justin Bieber.

Tayson lui fait un doigt d'honneur.

Dino lèche la mayonnaise sur le papier de son hamburger. En fin de compte on a les mêmes cheveux que les Asiats, dit-il, et des petits yeux.

Je regarde Tayson et m'aperçois qu'il est chaque jour plus andin. Je compare son visage avec sa photo de profil Facebook en 2011 : ses traits se sont affinés, comme si Dieu, durant toutes ces années, avait pris son temps pour bien tailler son visage.

Nous rentrons à la maison dans un minibus bondé. Tayson est derrière le chauffeur. Il regarde distraitement par la fenêtre.

Il revient à la réalité quand une *chicha* péruvienne sort d'une des enceintes. Il s'agit de Yarita Lizeth, et le morceau : "Vasito de licor." L'émotion provoquée par la chanson semble adoucir son âme. Ou plutôt ouvrir le cadenas qui verrouillait sa honte coréenne : il dit que l'un de ses objectifs avant la fin de l'année est de former un groupe de danse K-pop.

Qu'il veut danser.

Que sa copine lui a présenté un type qui veut bien lui apprendre les pas.

Et toi, tu comptes faire quoi après o serviço prémilitaire ? me demande-t-il.

C'est peut-être la fumée de pétard de Dino qui s'est frayé un chemin jusqu'à mes narines. C'est peut-être que je suis très excité. En tout cas je me fiche pas mal que le bus soit silencieux et qu'une dame avec une tête à venir de Ciudad Satélite à côté de moi me regarde avec méfiance, alors je dis :

Mon seul objectif est de niquer avec Vida Palomeque.

Je croyais que c'était la Mendoza qui te plaisait.

Nous arrivons au croisement de la Ceja. Nous descendons. Le froid me poignarde les jambes. Tayson se frotte les mollets. Il remonte ses chaussettes, des chaussettes de foot, par-dessus son jogging.

À l'arrêt du bus qui nous ramènera à la maison, Tayson demande à un ivrogne s'il peut lui laisser tirer sur sa clope.

Quand je lui raconte que je n'ai jamais eu de relations sexuelles, la réaction de Tayson est pire que la fois où un camarade a dit qu'au Brésil on mangeait les singes.

Caralho, mano. Inacreditával. Faut faire quelque chose.

C'est ainsi que débute, trois jours plus tard chez Dino, la mission perte de ma virginité. Reggae sur les enceintes et pipe de beuh qui lie les salives. Des étudiants en sciences sociales parlent des problèmes infinis de ce pays en se perdant dans la fumée de marijuana et, apparemment, tentent de trouver la solution à ces problèmes à chaque bouffée.

Tayson parle avec un type qui n'arrête pas de répéter qu'il admire Ronaldinho. Pour esquiver, mon cousin lui dit qu'il ne comprend pas bien et alterne avec des mots en portugais.

Tous les amis de Dino militent dans ce qu'il appelle le *mouvement indigéniste*. Aucun ne peut éviter de se perdre dans un tourbillon de blabla d'une demi-heure dès que je leur demande en quoi consiste ce mouvement, alors, dès que quelqu'un mentionne les mots *race* ou *aymara*, j'essaie de changer de sujet pour ne pas être obligé de me taper un autre sermon.

Il y a quelques jours, dans ce même appartement, un ami de Dino a fait pleurer un binoclard en le convainquant qu'il n'était pas métis mais indien. Qu'il était aymara, et pas bolivien. Le binoclard, encore plus défoncé que les autres, geignait et disait : oui, je suis indien, je viens de le découvrir.

L'évangélisation de Dino et sa bande semble douloureuse à quiconque se déclare converti. C'est comme une nouvelle aube, a dit l'un des amis de Dino : c'est admettre qu'on a vécu dans le mensonge et se réveiller dans la réalité de ce que l'on est ; c'est comme renaître.

Moi, ça me fait penser à un club de développement personnel, bien que je doive admettre que je n'aurais aucun mal à faire semblant de croire à cette bible appelée *Révolution indienne* si ça pouvait faire sourire la nana sur laquelle j'ai des vues. Dino dit que celle-ci est réservée mais que d'autres filles arriveront bientôt. T'inquiète, bro, y en aura sûrement une qui voudra bien dépuceler un camarade de lutte.

Les heures passent. Je m'ennuie. Personne ne me parle. Je suis sur le point de partir quand un type à tête de bourge crie :

Salut les meufs ! Bienvenue. Vous vous êtes fait attendre.

Les deux filles débarquent avec une bouteille de Cuba libre et un petit sachet de feuilles de coca qui dépasse d'une *chuspa* tissée blanche. Elles arrivent à minuit passé, Tayson somnole sur le canapé et Dino est tellement léthargique qu'il ne s'aperçoit pas qu'un type lui caresse l'entrejambe.

L'une des filles s'approche de moi, dit qu'elle me connaît.

Je t'ai vu vendre des livres devant l'entrée du Monoblock. C'était toi, non ?

Dans le studio il ne reste pas plus de dix personnes, la majorité d'entre elles sont dans un monde parallèle ou prennent du bon temps avec une nouvelle rencontre. Comme je n'ai rien fumé, je suis trop conscient de tout ce qui se passe, au point de me rendre parfaitement compte que pendant que la fille me parle de littérature et me caresse l'épaule de temps en temps, sa copine est occupée à prendre des livres sur l'étagère de Dino et à les mettre dans sa *chuspa*.

Comment tu t'appelles ? je demande à la fille.

Katia, me répond-elle.

Elle est petite et a des mèches de cheveux teints en bleu. Elle raconte une anecdote sur une amie à elle qui a repassé cinq fois de suite la même matière, et ce faisant, alterne avec des éclats de rire tapageur qui rendent d'autant plus visible la boule de feuilles de coca à l'intérieur de sa bouche. Je cherche son amie des yeux et la vois discuter avec Tayson. Elle a l'air d'avoir sommeil, pose sa tête sur l'épaule de mon cousin. Il en profite pour passer son bras autour d'elle.

La fille sourit.

Il faut que j'y aille, dit soudain Katia.

Elle va chercher son amie, l'écarte de mon cousin. Tayson regarde avec résignation les femmes s'éloigner, comme on observe un bus qu'on vient de rater. Ou pire : comme on regarde partir l'avion qui emporte un être cher.

Dino se réveille, et la première chose qu'il fait est de vérifier dans ses poches qu'il ne manque rien. Ensuite, il va chercher une bouteille pas encore totalement vide.

Tayson s'assoit là où était Dino. Sa tête – maintenant, je comprends – n'est pas celle d'un type qui aurait raté son bus ou vu l'amour de sa vie s'envoler : c'est celle d'un homme qui pensait baiser et qui ne baisera pas, le désir qui brûle, un pénis déçu.

Rodas a dit qu'il s'est tapé Vida et tout le monde l'a cru. Elle avait aucun poil, a-t-il dit. Mamani lui a demandé comment étaient ses seins.

Gros, répond Rodas, on dirait qu'elle se les est fait refaire.

Mytho, je suis sûr qu'il a regardé un porno et qu'il invente, a dit Chuquimia, pour ensuite nous rappeler qu'il s'était tapé la Crespo, la plus belle de la base.

Mamani est intervenu avec une assurance parfaitement singée sur Sucre :

Et moi je me suis fait Cristina Mollinedo.

Il manquait plus qu'ils se mettent à se mesurer les bites : Mamani s'est dépêché de sortir son téléphone pour nous montrer la vidéo d'une fille qui en suçait une avec trop d'acharnement.

Ça vient d'Internet, a dit Pacheco.

C'est Dayana Páez, abruti, a dit Mamani. Regarde ses cheveux. Ils sont châtains. Regarde mes baskets.

Le mess a mis fin à l'affaire, mais l'essence de la conversation est restée pendant le cours d'histoire du sous-lieutenant Aldana dans la deuxième cour. Pacheco a dessiné un vagin sur sa botte. Il a fait ça au feutre, et à son expression j'ai compris qu'il espérait que je le félicite, ou au moins que je lui demande de qui il s'était inspiré.

C'est la chatte à ma copine, a-t-il dit. On dirait un petit canyon.

À l'heure de la sortie, Salas nous a raconté que quelques semaines plus tôt il était allé au bordel avec Aldana et deux autres soldats. Il en était tout ému. Il a raconté qu'Aldana avait couché avec une mineure et qu'il avait demandé à Salas de ne le dire à personne. L'endroit se trouvait à la Doce, ce quartier de bordels aux façades innocentes. D'après le récit de Salas, le bâtiment était sur trois niveaux, avec plusieurs petites chambres à chaque étage. Devant la porte de chaque chambre, une pute en sous-vêtements se proposait et négociait son prix. Celle de Salas a coûté cinquante pesos. Le prix comprenait deux positions et une fellation.

Et elles étaient propres ? a demandé Mamani.

À peu près, a répondu Salas. Avant et après la baise, les putes se passent du gel désinfectant sur le corps. C'est leur douche à elles.

Je me rappelle cette discussion en tendant un livre de Victor Hugo à un garçon qui porte un bébé. Il est dix-huit heures trente et dans quelques minutes Dino sortira de ses cours de socio et récupérera ses livres. Tayson n'est pas venu à cause d'une répétition de danse K-pop à Kiswaras. La Paz expulse, vomit ses employés : vilains avocats que les chaussures et les costumes noirs dotent d'une presque élégance entre chien et loup. Une presque élégance qui se transforme en élégance nulle lorsque l'un d'entre eux vient à notre stand et, à voix basse, demande :

Vous n'auriez pas des magazines de cul ?

Alors ma poule, comment c'est parti aujourd'hui ? me demande Dino en arrivant.

Je lui dis que pas terrible, je n'ai vendu que deux livres.

Dino ramasse sa marchandise et la range dans cette grande valise qu'il trimballe partout.

On remonte par le Prado jusqu'à Pérez Velasco. C'est par là ? je demande. Pas du tout, répond Dino, attends.

On arrête un bus à destination d'Achachicala. En montant, on doit pousser une femme en jupon d'Indienne pour se faire une place. Le bus est bondé. Nous voyageons debout.

Quand je lui ai raconté les aventures de mon camarade Salas, Dino m'a regardé avec compassion, comme il le fait toujours dès qu'un potentiel client lui dit qu'il adore Stephen King et qu'il doit lui expliquer, avec toute la douceur possible, que ce sont des livres de merde. Dino m'a regardé pareil. Et, avec cette même douceur, m'a expliqué que la Doce c'est pas le bon endroit pour une première fois, là-bas on peut pas faire confiance aux putes, crétin, moi je connais un lieu à La Paz où t'es safe pour trente balles.

C'est là que nous allons dans ce bus rempli de jupons et d'employés de bureau. J'espère y découvrir ce qui fait perdre la tête à tous les hommes.

Nous descendons dans une avenue assez pentue. Sur les bas-côtés il y a plein de commerces, surtout des rôtisseries. Au loin, les lumières des plaines de l'ouest tremblent, comme émues par ce qui m'attend.

Dino lève les bras. Il enlève sa casquette. Se passe la main dans les cheveux, murmure : Achachicala, vieille branche.

Nous descendons des escaliers qui donnent sur une avenue sombre.

Un chien nous aboie dessus comme un fou quand nous passons près de ce qui doit être la maison de ses maîtres. Dino rit et dit que les chiens d'ici n'ont rien à voir avec ceux d'El Alto. Le chien d'ici est timide, dit-il, juste une grande gueule, pareil que les gens d'Abajo.

L'endroit – que Dino connaît sous le nom de Las Claudinas – se trouve dans une ruelle bordée de maisons aux murs en tôle. Avant de sonner, Dino me demande si j'ai du caoutchouc.

Du caoutchouc ? C'est quoi ça ?

Des capotes, vieux, des préservatifs !

Non.

Dino fouille dans son portefeuille. Il ne trouve rien.

Tracassé, il me dit qu'on va aller en acheter dans une pharmacie. Les filles de Las Claudinas peuvent toujours te filer une capote. Le truc, c'est qu'on te les vend cher et le mac peut la trouer exprès et après te faire du chantage pour que tu subviennes aux besoins du soi-disant gosse.

Nous retournons sur l'avenue où nous sommes descendus du bus. On s'arrête devant une pharmacie. Dino me dit d'y aller tout seul et de les prendre de telle marque, mais ça me bloque. Je regarde au loin ; les lumières des collines ressemblent à des étoiles tombées sur une bouche noire.

Il fait froid.

Je tremble.

Nous sommes les corps que nous avons caressés, a dit un jour Dino, bourré à la bière et aux livres de Fausto Reinaga. Nous sommes les jours qu'il reste à ces étoiles. Nous sommes la nostalgie de la mer, a dit l'un de ses amis indigénistes. Nous sommes toutes les guerres que nous avons perdues.

Ça va ? demande Dino.

Comme je ne réponds pas, il dit que j'ai peut-être trop forcé sur le joint et qu'il vaut mieux qu'il me ramène chez moi.

Ne pas aller au lycée cesse d'être amusant le deuxième mois. Un matin que Tayson et moi explorons pour la dixième fois la Zona Sur de La Paz, je réalise que les maisons à tuiles rouges et clôtures ne me font plus rêver que je suis dans un décor de série américaine où tout finit bien, et que mon cousin, avec son mètre quatre-vingts et ce corps qui pourrait laisser sans vie une amante sous-alimentée, n'est plus le même que celui qui, il y a presque un an, a toqué à la porte de ma chambre pour me demander ce que voulait dire le mot *camote* dans un contexte amoureux. Maintenant il le sait, c'est avoir un coup de foudre. Maintenant il ne s'habille plus qu'en noir et passe son temps à tchater avec sa copine sur son téléphone.

Il critique aussi la Bolivie, ce qui est nouveau. Quand il est arrivé au pays, il disait qu'il aimait beaucoup marcher dans les rues et voir qu'autour de lui tout le monde avait un visage semblable au sien.

Ce qui l'empêche de devenir une grosse boule noire sans âme, c'est sa façon de tourner aux coins de rue ou de presser le pas quand on traverse et que le feu est encore au vert : il le fait avec la délicatesse d'un danseur, comme si la musique coréenne qu'il écoute en permanence était descendue de ses oreilles à son corps et l'avait pourvu d'un rythme qui, malgré ses sourcils froncés, amortissait son poids et adoucissait ses traits.

El Alto, d'autre part, est sorti de la carte de mes pérégrinations. Trop risqué. J'ai beau n'avoir jamais été ce genre de personnes facilement envahies par la paranoïa, mon expérience d'il y a quelques semaines m'a donné une sacrée leçon de méfiance. Près de la station du téléphérique jaune, à Ciudad Satélite, une voix de femme m'a appelé par mon prénom. Je me suis retourné et c'était la tante Corina.

Qu'est-ce que tu fais là, gamin ? Tu n'as pas école ?

Je lui ai dit que notre professeur nous avait emmenés visiter le musée Paredes Candia mais que je rentrais à la maison parce que je me sentais mal.

Ah, mon poussin, a dit ma tante inquiète. Je vais appeler ton père.

Je lui ai dit de ne pas s'inquiéter, que c'étaient juste les symptômes d'un rhume.

Le lendemain, j'ai voulu visiter la légendaire pelouse synthétique d'Alto de la Alianza, mais la peur de tomber sur quelqu'un de ma famille m'a fait renoncer.

El Alto était devenu une tempête enfermée en cellule. J'ai décidé de suivre le conseil de Tayson et de partir en excursion dans la Zona Sur de La Paz. Je ne manque pas d'argent : les commissions de Dino et le fric que je me suis fait avec les livres que je lui ai volés et que j'ai revendus à ce libraire du passage Marina Núñez me donnent un certain confort.

Vous cherchez qui ? nous demande un gardien vêtu d'un uniforme cerise.

On se promène, lui dis-je.

Propriété privée, les jeunes, dit le gardien.

Nous allons sur le trottoir d'en face. Après quelques pas, un autre gardien, cette fois vêtu de noir, nous demande la même chose.

On cherche la maison de Rodrigo Castañeda, je lui réponds.

Je ne connais personne de ce nom, dit le gardien. Qui êtes-vous ? Vous venez faire le ménage ?

Tayson le regarde avec des yeux qui, si ç'avait été des rayons laser, auraient pu faire éclater le type en mille morceaux.

Le gardien s'éloigne sans cesser de nous surveiller à la dérobée.

Qui c'est, Rodrigo Castañeda ? me demande Tayson, quand nous sommes suffisamment loin du gardien.

Aucune idée, je lui réponds. Je l'ai inventé.

La matinée passe entre des silences gênants et les jurons en portugais de Tayson qui lit les messages de sa copine. Je finis par lui demander si tout va bien. Mon cousin répond que sa copine est une ingrate, filha de puta. Essa vagabunda acha que pode me fuder. Porra !

Nous revenons au centre-ville dans un bus jaune. Je m'assois sur le siège tout devant, juste derrière le pare-brise. Tayson voyage debout. Une dame, avant de monter, demande si le bus va à Achachicala.

Oui oui, répond le chauffeur.

J'ai la boule au ventre.

Quand on arrive à la passerelle de la Pérez, je dis à Tayson que j'ai un truc à régler. Tayson marmonne quelque chose en portugais, je l'interprète comme : t'es soit un taré, soit un gros pervers. Le trajet me paraît moins long que la dernière fois ; peut-être parce qu'il fait jour et que je suis assis.

Le hic c'est que je ne me rappelle pas exactement où on est descendus la dernière fois, le bus me dépose à l'arrêt.

À votre service, jeune homme, dit le chauffeur.

De là, on voit l'autoroute qui va vers El Alto et le fleuve pollué qui traverse La Paz. Je cherche Las Claudinas pendant plus de deux heures, mais j'ai beau remonter et redescendre l'avenue, je ne trouve pas l'endroit. Pour me reposer, j'entre dans un cybercafé et je paye d'avance trois heures de *Warcraft*.

L'établissement est rempli de garçons d'une douzaine d'années. L'un d'eux, sans doute furieux que son copain ait plus de chance que lui au jeu, hurle avec une voix de fou : fils de pute, je vais te défoncer, tu vas prendre cher, sérieux !

On ressemble à un vieux couple marié. Du genre à se faire la guerre froide pour n'importe quoi. Tayson n'a pas arrêté de me parler, mais quelque chose manque à nos conversations : l'étincelle, le vice.

Il soigne ses mots ; il sait que la genèse du procès est là, dans chaque phrase mal interprétée, dans chaque verbe : il jure en portugais. De mon côté, je parle un espagnol très colla, avec des *r* hyper roulés et des mots en aymara. On ne s'envoie plus de liens de vidéos porno. Et même à ce niveau-là on ressemble à un vieux couple décati : Tayson célèbre à voix haute la double pénétration qu'il a téléchargée la veille au soir et, pour le rendre jaloux à mon tour, je mets sur mon téléphone la vidéo des Russes avec des godes en forme de sabre laser *Star Wars* et je monte le volume quand elles vont jouir.

Comme Dino est en partiels, c'est nous qui nous chargeons le plus souvent de vendre les livres. Le temps ne file plus, il vole. D'ici peu, ce sera la remise des livrets de la Force aérienne et après le bac, que je ne passerai bien évidemment pas.

En plus, Tayson s'est fait un nouvel ami. Il s'agit d'Iván, un étudiant en lettres qui squatte tout le temps notre stand. En quelques jours, ils sont devenus super potes. D'ailleurs, Iván semble avoir converti mon cousin en supporter du Bolívar : hier j'ai vu un maillot bleu ciel dépasser de son sweat, et le fait de comprendre qu'il ne sera jamais pour le Strongest m'a mis les nerfs.

(Je me vengerai en supportant le São Paulo FC. Je téléchargerai leur blason et je le partagerai sur Facebook.)

Nous faisons une course à pied dans l'avenue 6 de Marzo. Poussés par le vent et les insultes du sous-officier Sucre. Nous en sommes déjà au septième tour, mais visiblement les instructeurs ne nous diront pas d'arrêter avant de nous avoir vus cracher nos poumons. Vous le voulez, votre livret ? a dit Sucre. Avant, vous devez suer, vous devez cracher, vomir vos poumons de bizuths.

Pour preuve qu'il n'y aura pas de quartier, aucun instructeur ne nous fait chanter cette chanson stupide qui rendait plus ludiques nos courses à pied en dehors de la base. Mon odeur d'aisselles me rentre dans les narines. Mon pantalon d'uniforme me serre. Je cherche mentalement un sujet qui me fasse oublier la fatigue, mais la chanson de la fiancée bolivienne se fraye un chemin entre les cumbias de Radio Chacaltaya et les rimes de Calle 13 :

> Moi j'ai une fiancée.
> Moi j'ai une fiancée.
> Aux lèvres rouges.
> Aux lèvres rouges.
> Ses cheveux sont jaunes.
> Ses cheveux sont jaunes.
> Ses yeux, verts.
> Ses yeux, verts.
> Comment s'appelle-t-elle ?
> Comment s'appelle-t-elle ?
> Elle s'appelle Bolivie !
> Elle s'appelle Bolivie !

Quand le sous-off Pari nous demande de nous arrêter, la seule chose que je me dis c'est que cette chanson est encore plus stupide que ce que je croyais : combien de Boliviennes sont comme la femme de la chanson ?

Je crache par terre et me touche l'abdomen, comme si j'expulsais le dernier arrière-goût de patriotisme qu'il me reste dans le corps : je salive tellement que mon crachat atteint le drapeau tricolore brodé sur la manche de Chuquimia.

Personne ne voit rien, heureusement.

Aussitôt que les instructeurs s'éloignent, nous nous dépêchons de sortir les téléphones de nos poches. Dino, visiblement bourré, m'invite chez lui. Je lui dis que je ne peux pas, mais il insiste. Et, quand je lui écris pour la troisième fois que je ne peux pas sortir, il m'avoue qu'il est dans la merde, qu'il doit cinq mois de loyer et que sa proprio l'a menacé de le virer demain s'il ne payait pas au moins un tiers de sa dette.

Je suis dans la merde, répète-t-il.

Je pense à Dino, à sa casquette de guérillero, à ses livres. Le jour où on a pris ce bus jaune, il m'a parlé de ses projets d'avenir. Son rêve, le plus important, est d'écrire un livre qui crachera au visage de ce pays sa racine cuivrée, sa racine indienne. J'ai le sentiment, dit Dino, j'ai le sentiment absolu de ce peuple, mais je n'ai pas les mots.

Puis il s'est calmé et m'a dit qu'avant il voulait finir ses études et faire un master en Angleterre.

Alors je me sentirai bien, a-t-il ajouté. Alors je serai quelqu'un.

Et tu penses que ça arrivera quand ?

Je ne sais pas, a-t-il répondu. Il me reste trois ans. Quand j'en aurai vingt-huit.

Le bus est passé dans un nid-de-poule et le rebond nous a fait sauter. Comme on voyageait debout, sa tête a cogné contre le plafond.

Dino a rigolé. Alors il m'a raconté le résumé d'un roman qu'il avait lu récemment. J'ai admiré la passion avec laquelle il m'a parlé du livre. Puis je me suis rappelé tout ce qu'il m'avait dit sur son avenir et j'ai pensé que, pour moi, vingt-huit ans c'était la vieillesse.

Dino dit qu'on s'arrête là, que sa situation a empiré et qu'on ne peut plus travailler pour lui. Il nous donne à chacun un billet de vingt et un livre avec une couverture rigide. Lisez, petits cons, dit-il. Ou non. Ne lisez pas, vous ne voulez pas finir comme moi.

Le lendemain, je dis à ma mère que j'ai besoin d'argent pour des travaux pratiques et je réunis assez d'argent pour une heure à Las Claudinas. Ce soir-là je ne retrouve pas l'endroit, je reviens donc le lendemain.

Dino a fait un croquis du coin sur un bout de papier. Ce sont deux gros blocs séparés par ce qui doit être une avenue. L'établissement est signalé par un ovale poilu, sans doute un vagin. En tout cas, je me perds encore, et là où Las Claudinas est censé être, je me retrouve devant un bâtiment où il y a une fête au deuxième étage.

Je me dirige vers la porte. Un vigile discute avec deux jeunes en costume-cravate.

Je fais le tour du pâté de maisons et ne trouve aucune trace de Las Claudinas. Parfois je pense que j'ai rêvé cette soirée. Alors je mets les mains dans mes poches, j'attrape le bout de papier avec le croquis de Dino et je me dis que tout était réel, que mon désir est réel.

Je reste planté à la porte de la fête, l'un des vigiles m'observe. J'ai froid. J'ai juste une veste en polyester dont la fermeture éclair est cassée. Une fille en robe rouge arrive devant le bâtiment. Elle montre son invitation au vigile. Celui-ci vérifie son nom sur la liste et fait signe que tout est bon.

Je regarde mon téléphone pour passer le temps et, quand je relève les yeux, l'autre vigile est face à moi.

Tu cherches qui ? me demande-t-il.

Mon frère Amílcar. Je suis venu le récupérer.

Le vigile est un homme d'une trentaine d'années, un peu chauve et aux traits doux. Le récupérer ? me demande-t-il. Ils sont en train de danser, là. Si tu veux, je dis au DJ de passer une annonce au micro. Amílcar comment ?

Amílcar Ticona.

Le vigile revient au bout de quelques minutes. Rien, dit-il. Ferme ta veste. Il fait froid.

La fermeture marche pas.

Ah ces gosses, dit l'homme. Dedans, l'acoustique doit être super mauvaise, vu comme le son résonne contre les vitres et produit une vibration qui me fait penser à un terrain de squash. Ah ces gosses, répète le vigile. Je hausse les sourcils en reconnaissant la chanson qui passe et l'homme semble penser que je meurs d'envie de danser sur "Una cerveza", cette cumbia argentine qui dit : on voit que tu m'aimes plus, on voit qu'y a plus d'amour, y a plus rien à faire alors je bois de l'alcool ; il me regarde comme ma mère m'a regardé le jour où elle a eu pitié de moi et m'a acheté un ballon qui ressemblait à celui d'Abel Huanca, le premier gars du quartier à avoir un Golty de futsal.

Alors il me prend par le bras, me conduit jusqu'à la porte et me dit : entre, tu gèles là.

Tout le monde porte une tenue élégante. Si je veux passer inaperçu, je vais devoir rester près de l'homme au jean troué qui est sûrement l'oncle hippie de la fille qui fête ses quinze ans.

Et c'est ainsi que mes baskets pourries se mêlent aux belles chaussures et aux talons de cette fête qui sent la fumée de joints, que mon faux maillot de l'Arsenal se frotte au projet de buste d'une petite nana qui m'a invité à danser et s'éclate sur les rimes de Daddy Yankee.

Papa m'appelle plusieurs fois sur mon portable ; je ne réponds pas. L'animateur de la soirée forme une ronde : mes doigts s'entrelacent à ceux de ma partenaire. À ma droite, euphorique, la fille qui fête ses quinze ans saute sur place en évitant de me toucher les mains, craignant peut-être que le péquenaud sans cravate glisse ses doigts sur son poignet et en profite pour lui toucher un sein. Quand la ronde se disperse, son cavalier disparaît et elle n'a pas d'autre choix que de danser avec moi.

La piste se vide sur un slow de Luis Miguel. Je lâche la main de ma partenaire et serre fort mon poing, comme pour y stocker la douceur de la jeune fille, sa blancheur. En allant aux toilettes, je vois un téléphone abandonné sur une table.

Je le prends sans réfléchir. M'enferme dans les toilettes. Me mords la lèvre de stress en entendant la voix du DJ appeler les jeunes femmes et leurs cavaliers.

Je sors après quelques minutes, quand tout le monde regarde la fille qui fête son anniversaire valser avec son père.

En vrai, c'est pas son père, tu savais ? C'est son beau-père, dit un invité.

Je fais semblant de répondre à un appel et me dirige vers la porte, le téléphone collé à l'oreille. Je quitte les lieux, marche jusqu'au coin de la rue et file en courant à toute vitesse. Je m'arrête quand je suis assez loin. Je glisse le portable volé dans mon caleçon, de peur que quelqu'un m'agresse et vole mon précieux butin. Deux hommes discutent à côté de moi.

Ils parlent de Las Claudinas. Je veux de la chatte, dit l'un des deux. Eh bah allons là où y a les filles, dit l'autre.

L'un des deux hommes, celui avec le blouson en cuir, sort son portefeuille, l'ouvre, compte son argent. J'ai pas grand-chose, dit-il. Le second dit qu'il lui en prêtera pour les tickets de bus de retour, et ils se mettent en route en écoutant une *chicha* sur l'un de leurs téléphones.

Je les suis prudemment. La musique me guide.

IV

La porte est en acier.

J'observe le numéro effacé en réfléchissant aux mots que je vais utiliser pour demander s'il y a des filles disponibles. Est-ce qu'il existe un mot de passe, un salut secret, une manière cachée de dire je veux du sexe sans se servir des mots en p : *prostituées, payer, prix* ?

Une gamine de douze ans m'ouvre la porte. Je suis sur le point de tourner les talons et de partir en courant, mais elle me dit :

Des filles, hein ?

Je hoche la tête.

Nous montons des escaliers sans rambarde. Comme la lumière est faible, la gamine doit éclairer le sol avec la lampe torche de son téléphone.

Nous nous arrêtons à ce qui doit être le quatrième étage. Là, il y a de la lumière et chacun peut voir le visage de l'autre.

T'as quel âge ? me demande-t-elle.

Dix-neuf, je mens.

T'as ta carte d'identité ?

Non.

Sans carte, c'est dix pesos en plus.

Nous entrons dans une chambre éclairée par des lampes dans les tons rouges. Une dame aux cheveux courts approche. Une forte odeur envahit mes narines et je ne sais pas si c'est le parfum de la femme ou le désodorisant dont la pièce a été aspergée.

Attention, dit-elle, toutes nos filles ont un certificat médical.

On te les montre si tu veux, ajoute la gamine.

Étant donné que je ne réponds pas, la femme m'explique comment ça marche : il y a six filles disponibles (dont une petite Indienne, une *cholita*, insiste-t-elle) et la consommation minimum est de quinze minutes. Soixante de l'heure pour une *en robe*, quarante pour la *cholita*.

Si tu veux juste regarder, dit la femme, c'est cinq bolivianos la présentation. Bien sûr, s'il y en a une qui te plaît, tu lui donnes plus pour la remercier.

D'accord.

La *cholita* ou une en robe ? demande la femme.

Une en robe, je réponds, ce qui est ironique car les cinq filles qui apparaîtront d'ici quelques secondes seront à peine couvertes d'un soutien-gorge et d'une minuscule culotte.

Présentation ! dit la dame, et les filles sortent d'une pièce séparée par un simple rideau.

Les jeunes femmes défilent devant moi en souriant et en faisant coucou avec la main. Le stress m'empêche de retenir leurs noms : quand la dame me demande laquelle je choisis, j'arrive juste à dire celle-là en la montrant du doigt. La *chinita* ? demande la dame. Elle s'appelle Esbenka.

J'ouvre mon portefeuille d'une main tremblante.

Pas d'inquiétude, dit la femme. Les filles de chez nous savent être tendres.

Esbenka demande si tout est bon. Tu as une protection, petit chou ? Je réponds que non. La gamine se hâte de sortir un préservatif de la poche de sa veste. C'est cinq bolivianos en plus.

Esbenka me prend par la main. Le contact de sa peau me fait tellement frissonner qu'au lieu de me détendre, je stresse encore plus.

Elle m'emmène dans la chambre.

C'est ta première ici, petit chou ? demande-t-elle.

Je suis déjà venu une fois.

Je mens.

La pièce est minuscule. Le lit n'est pas un lit ; il s'agit en fait de deux matelas posés l'un sur l'autre. Aux murs, des photos de femmes aux seins gigantesques.

Comme dans le récit de Salas, la fille se passe du gel désinfectant sur tout le corps.

Elle me prend par les épaules. Je la saisis par la taille. Quand je veux l'embrasser, elle dit : pas de baisers, pas de morsures, tu as droit à deux positions.

Elle s'allonge sur le lit. Regarde le plafond. Les ampoules diffusent une lumière semblable à celle de plusieurs bougies allumées. Je me sens comme sur un autel d'église, face au portrait d'une sainte Vierge.

La virginité, en l'occurrence, n'a rien à voir avec la femme.

Esbenka est grande. Elle a les cheveux noirs, le visage ovale et les yeux en amande. Sa peau a l'air parfaite, mais en regardant bien je remarque de légers hématomes dans la région de l'épaule.

Sa voix est douce, d'une douceur exagérée. Dès qu'elle s'adresse à moi, elle m'appelle *petit chou*. Ça m'excite, bien que le fait de penser qu'elle a sûrement déjà dû appeler comme ça un des types que j'ai suivis jusqu'ici me fait débander et m'emplit le cœur de jalousie.

Je me déshabille. Par précaution, je cache mes téléphones et mon portefeuille à l'intérieur de mes chaussures.

Viens au lit, petit chou.

J'obéis.

Esbenka remarque que ma verge est molle. D'une voix encore plus calme, elle demande :

Tu es stressé, mon chou ?

Un peu.

Détends-toi. Raconte-moi. Qu'est-ce que tu étudies ?

Je lui réponds que j'étudie la sociologie et elle me demande à quoi sert cette filière. J'aimerais répondre comme Dino : à ce que tu poses des questions moins cons. Mais je sais que ce n'est pas approprié et je balbutie n'importe quoi. Le froid me fait trembler. Esbenka le remarque et nous met une couverture dessus.

Et toi t'étudies quoi ? je lui demande.

La linguistique et les langues étrangères, mais j'aime pas trop. Je voudrais mettre de côté pour faire hôtellerie.

Alors elle se met à me parler de musique. De sa bouche sortent des noms de groupes de rock alternatif qui chantent en anglais, et l'espace d'un instant j'ai l'impression que la femme étendue à côté de moi est Vida.

Esbenka soulève la couverture et l'écarte de nous. Elle me tourne le dos, me montre ses fesses.

Elle me demande si j'aime ce que je vois.

J'adore.

Elle tourne son visage vers moi : ses yeux en amande sont les plus profonds que j'aie vus de ma vie. Plus profond que ce ravin de La Paz où papa raconte qu'il est tombé un jour qu'il avait trop bu ; plus profonds que les yeux de Vida ; plus que ces grands verres que Dino a chez lui et qu'il n'utilise que pour les invitées spéciales ; plus que les rivières du village de mon grand-père, où les enfants, malgré le froid, pataugeaient pieds nus.

Esbenka voit mon membre en érection. Comme si elle détectait mon inexpérience en la matière, elle retire le produit de son emballage et place le latex sur mon pénis.

Petit chou, dit-elle, viens sur moi.

Esbenka regarde le plafond.

Elle écarte les jambes.

Je me demanderai toujours pourquoi je n'ai pas choisi la *cholita.*

Je me promène aux alentours de mon lycée. Ex-lycée, pour être exact. Dans pas longtemps, la sonnerie retentira et les élèves sortiront telles des chauves-souris s'enfonçant dans la nuit. J'entends déjà leurs rires, leurs pas pressés. Leurs eh, connard, on se fait un Dota?, tu vas te faire enculer.

Le soleil est agréable : je lève la tête vers le ciel pour mieux sentir la chaleur.

J'achète de la gelée en sachet. Je m'arrête devant la porte du lycée, m'assieds sur la rambarde. Je mords le coin du plastique et en aspire le contenu pour que la gelée effleure mes lèvres.

Je fais souvent ça pour qu'elles aient l'air plus rouges, plus attirantes. Je veux que mes ex-camarades filles voient le changement.

Toute ma vie j'ai attendu la sonnerie pour être le premier à me carapater chez moi. Maintenant j'attends devant la porte, sans peur de rien : comme si le bleu des pulls des élèves était la mer, une mer où je plongerai dès que la sonnerie retentira, comme si mes bras étaient ceux du meilleur nageur.

Rien n'aurait pu aller plus mal à la base aérienne : l'un de mes camarades de classe a fait courir le bruit que je ne vais plus en cours depuis deux mois. Le ragot est revenu aux oreilles de Sucre : pile le samedi où j'ai oublié de raser ces petits poils qui poussent au bord de mon visage.

Feignasse de bizuth, tu vas douiller.

Il m'a donné cinquante pompes à faire et m'a dit de ramasser tous les déchets dans l'herbe derrière les grillages. J'ai fait le travail à moitié parce que je savais que Sucre ne viendrait jamais jusque-là pour vérifier si j'avais bien nettoyé. J'ai été étonné de trouver des mots d'amour sur les grillages entre la base et la rue. Quelqu'un a découpé du papier brillant en forme de losange et l'a disposé dans plusieurs trous du grillage. Les messages ne se voyaient qu'à une distance précise. Celui qui m'a le plus étonné disait :

JE T'AIME MON LAMA.

Quand je suis rentré dans le rang, Sucre a remarqué qu'il manquait un bouton à ma veste et m'a donné dix minutes pour en recoudre un. Il a l'air de m'oublier, mais trois jours plus tard il trouve une nouvelle manière de m'emmerder : je fais la queue pour les documents obligatoires à l'obtention du livret, lorsque je le vois rigoler avec Vida à quelques mètres de moi.

On est mardi. Comme ce n'est pas un jour d'instruction, tout le monde est en civil. Il est intéressant de voir comment un simple jean ou une paire de baskets colorent la cour. Ça sert aussi à savoir qui est plus pauvre que qui, et, bien entendu, à connaître le corps des filles.

Vida porte un jean noir troué au genou et une veste pour homme. Elle a l'allure d'une petite rockeuse qui n'a pas assez de fric pour s'habiller comme elle voudrait. Sa frange couvre une partie de son front. Quand elle rit, Sucre lui touche le coude et elle se caresse les cheveux.

Il reste deux samedis avant la fin du service prémilitaire. D'après les soldats, Evo Morales sera présent à la cérémonie et donc tout doit être impeccable. J'imagine déjà les instructeurs obliger les bleus à laver la wiphala.

À la maison tout le monde est excité par la cérémonie. Aux déjeuners de famille, papa ne se prive pas de rappeler à l'oncle Waldo que la vie militaire, ça c'est pour les vrais mecs, qu'il est le seul des frangins à avoir fait l'armée et que visiblement les chiens font pas des chats.

L'oncle Waldo contre-attaque en parlant du Brésil, du Brésil, du Brésil.

Papa porte le coup de grâce : doit y en avoir à la pelle là-bas, des noirs, non ?

J'entre dans le bureau où un soldat rassemble les documents. Pacsi ? demande-t-il. Le frère du déserteur ?

Je ne réponds pas.

Ta photo doit être en quatre sur quatre. Celle-là, c'est du quatre sur trois et demi.

Pourtant j'ai demandé chez la photographe et on m'a dit que c'était bon.

Tu réponds ? s'énerve-t-il. Allez, aux arrêts !

Du calme, du calme, intervient un militaire que je ne connais pas. C'est bon, va en refaire une et reviens demain à la première heure. Quatre sur quatre. N'oublie pas. Note-le sur ta main.

Je quitte la base aérienne de mauvaise humeur. Sur ce, j'entends mon prénom. Je me retourne : c'est Vida.

Salut !

Salut.

Je lui raconte le coup de la photo. Vida fait une grimace marrante et dit que c'est parce que je ne sais pas me servir d'une règle.

Pourquoi je me servirais d'une règle? Je prends pas ma trousse partout avec moi.

Je rigole, débilos.

T'es contente que ce soit bientôt la fin?

Oui, très. Et toi?

Assez. La bonne nouvelle c'est que je vais pouvoir me laisser repousser les cheveux.

Elle me caresse la nuque. Palpe leur épaisseur.

Ça repousse déjà, me dit-elle. J'ai hâte de voir quelle coupe tu vas faire. Toi aussi, t'es excité par le bac?

Sa question me stresse. (J'aimerais tout lui raconter, ouvrir la bouche et laisser tout ce qui bouillonne dans mon cœur sortir et s'éparpiller dans El Alto: ce serait comme vider les poubelles, le vent de la fin d'hiver balayerait mes sentiments-déchets, les éloignerait de moi, les laisserait à disposition de n'importe quel couillon avec de la chance à revendre.)

J'accompagne Vida jusqu'à la Ceja. Avant de monter dans le mininus, elle me demande ce que je pense de la nouvelle chanson d'un groupe. Je lui dis que je la trouve bien, que c'est l'une des meilleures que j'aie entendues, et je sais que Vida sourira et me regardera avec ces yeux qui semblent toujours former une éclipse, sans soupçonner que justement hier j'ai espionné son Facebook et vu qu'elle avait partagé le clip de cette chanson.

Et c'est ce qu'elle fait.

J'adore ce groupe. T'es sur Facebook? me demande-t-elle en souriant. On s'est jamais ajoutés en ami. T'y es sous quel nom toi?

Je suis sur le point d'ouvrir la bouche, mais arrive le minibus qui la ramènera chez elle. Elle lève la main pour arrêter le véhicule. Me dit au revoir avec un bref baiser sur la joue.

Depuis sa place côté fenêtre, Vida me fait signe qu'elle m'écrira plus tard.

L'oncle Casimiro verse de la bière dans son verre et papa dit que son fils va sauter en parachute.

Je ne suis pas là, je ne l'entends pas, mais c'est facile à imaginer : il y a deux mois, avant le début des vacances d'hiver, j'ai raconté à mon père que Sucre avait promis que les meilleurs sauteraient en parachute d'un hélicoptère. Papa était tellement excité que le soir même je l'ai surpris sur YouTube à regarder des vidéos de soldats de la Seconde Guerre mondiale sauter d'hélicoptères d'assaut.

Putain, la vache, a-t-il dit, presque larmoyant, tu vas faire comme eux, fils. C'est là qu'on se dit qu'une petite guerre contre les Chiliens, ce serait pas mal.

Ce qu'il ignore, c'est que je ne sauterai jamais car je n'ai pas passé l'épreuve du feu. Samedi dernier, un caporal a sélectionné deux prémilitaires de chaque escadre et les a réunis là où les conscrits sont formés. C'est un lieu nouveau pour nous : la vie des soldats est une vie de subordination totale, quelque chose que j'aimerais éprouver (puisqu'on nous a dit que c'était la condition primordiale pour être de vrais patriotes, des hommes) mais qui en même temps me répugne : on dit qu'on rentre à la caserne petit garçon et qu'on en ressort devenu homme ; personnellement, je crois qu'on y rentre être humain et qu'on en ressort bête de somme.

Ce qui est sûr, c'est qu'on y respirait un air différent, comme si les halètements des soldats exploités avaient asséché l'atmosphère et que nos nez ne pouvaient s'adapter au nouvel oxygène.

Allez les bizuths, a dit le sergent Bohórquez, cette fois-ci vous allez en chier. Ici, y a pas de droits de l'homme qui vaillent.

La série d'exercices a été atroce. Il suffira de dire qu'un camarade de la compagnie Bravo était tellement mort que, pendant qu'on faisait des pompes, il s'est couché par terre en disant qu'il n'en pouvait plus : je veux me faire réformer, je veux me faire réformer !

Bohórquez nous a ordonné d'aller jusqu'à la zone la plus à l'écart de la base aérienne. Deux vieux bâtiments sur trois étages érigés face à nous. Le vent soufflait comme ce matin où Tayson a demandé à se faire réformer. Bohórquez avait une petite moustache qui lui donnait plus de style, et par conséquent plus d'autorité. Il était de bonne humeur : on racontait qu'il sortait avec une fille d'ici et que ça avait résolu ses problèmes de colère.

Rien n'était plus éloigné de la réalité :

Voilà, a dit Bohórquez, on va voir qui sont les plus balèses d'entre vous.

Il nous a ordonné de former une file en fonction de notre taille. Le premier c'était moi.

Pacsi ! a crié Sucre. Deux pas en avant.

J'ai obéi.

Va sur le toit de ce bâtiment, a-t-il dit. Tu entres par la porte de derrière, tu montes les escaliers jusqu'à la terrasse. Là-haut tu te mets au garde-à-vous comme on t'a appris. Tu cries "Vive la Bolivie" et tu sautes. Si tu y arrives, tu sauras sauter de tous les hélicoptères du monde.

Comme je n'ai rien dit, Bohórquez est intervenu :

Compris, Pacsi ?

Compris, sergent !

En montant l'escalier, j'ai pensé qu'au pied du bâtiment il devait y avoir un matelas ou quelque chose dans le genre. Mais en arrivant sur le toit-terrasse, j'ai regardé en bas et j'ai vu que ce qui m'attendait n'était que de la terre parsemée de petits bouts de pelouse.

Saute ! a crié Bohórquez.

Comme je ne bougeais pas, Bohórquez et Sucre ont crié en même temps. Mes camarades les ont aussitôt rejoints à l'unisson. Pendant une fraction de seconde, l'idée de sauter m'a effleuré l'esprit. J'ai pensé au bac que je ne passerai pas : si papa me voyait sauter en parachute, ça tempérerait sans doute un peu sa honte d'avoir un fils sans diplôme.

Je le voyais déjà au bar avec ses amis. Ton fils a séché, il est vraiment pas doué, lui dirait quelqu'un, et papa, la clope au bec, de rétorquer que son fils n'avait certes pas passé le bac mais qu'il avait eu la trempe de sauter d'un hélicoptère, et toi il a fait quoi, ton gosse ?

J'ai eu des sueurs froides. Une goutte de transpiration a coulé de mon képi et dégouliné le long de mon visage.

Jusqu'au menton.

Elle est tombée au pied du bâtiment.

Après deux minutes de silence sépulcral, Sucre m'a dit de redescendre. Le vent d'El Alto soufflait fort. J'ai pris mon temps. À mi-chemin, j'ai croisé un camarade qui se signait en gravissant les escaliers à toute vitesse. Prends mon tél, m'a-t-il dit en sortant son portable de la poche de sa veste. S'il m'arrive quelque chose, appelle le contact "Marianita mon amour".

Les membres de ma famille vivant à l'étranger sont venus à El Alto pour fêter l'anniversaire de ma grand-mère. Ils prolongeront leur séjour jusqu'à la cérémonie de remise des livrets militaires. Ma grand-mère est émue : non seulement tous ses enfants sont réunis autour d'elle pour la première fois depuis très longtemps, mais elle va aussi avoir une cuisinière neuve. C'était censé être une surprise, mais Lucas, mon neveu, a trouvé le cadeau dans la chambre de ma sœur et il est allé cafter à ma grand-mère.

La tablée se compose de quinze personnes, uniquement des adultes, à l'expression soit morne, soit moqueuse. Aucun juste milieu : d'un côté de la table, les membres de la famille qui sont allés tenter leur chance là où les peaux sont différentes ; de l'autre, ceux dont les pieds n'ont jamais été plus loin qu'Arani, le village natal de ma grand-mère.

Je m'assois sur une chaise et ma mère, aussitôt, m'ordonne de me lever. La tante Corina dit c'est bon, assieds-toi, mon poussin, tu es grand maintenant. S'ensuit une discussion à propos de si Tayson et moi devons aller à la grande table avec les adultes ou bien à la petite, celle qui est réservée aux enfants, au grand-oncle attardé et aux mères célibataires.

Ce qu'ils ont grandi, les garçons, dit la tante Zulma. Bientôt ils fonderont leur propre famille.

Asseyez-vous, mes enfants, asseyez-vous, dit ma grand-mère en se levant de table. Prends ma chaise, toi.

Elle disparaît dans la cuisine puis revient avec un tabouret. Elle le pose pas loin de la grande table et s'assoit dessus. L'oncle Waldo lui tend son assiette pleine. Personne ne lui demande de revenir à table.

La fratrie Pacsi se compose de sept personnes au total : cinq hommes, deux femmes. Quatre vivent ou ont vécu à l'étranger : l'oncle Waldo, l'oncle Casimiro, l'oncle Buenaventura et l'oncle Yojan. Si je croyais que seule l'histoire de la famille de Tayson était intéressante, j'étais complètement dans l'erreur.

L'HISTOIRE DE L'ONCLE CASIMIRO

L'oncle Casimiro vit dans le nord du Chili. D'après ce qu'il raconte, il ne se sépare jamais de son révolver. Tout en disant ça, il se donne des petites tapes sur la hanche pour signifier qu'il le porte sur lui. Il a le visage de quelqu'un qui a un jour été très pauvre et dont l'expression n'a jamais pu se défaire de cet air de pauvreté. Aujourd'hui il porte un polo hyper blanc et une veste Adidas ; ses joues rebondies, comme le ventre qui cache son autre ventre, témoignent d'une prospérité insultante. Mais quelque chose dans ses gestes révèle son dénuement originel : la vitesse à laquelle il mange les patates de son *thimpu*, peut-être. Il est parti travailler comme maçon à Iquique quand il avait vingt et un ans. Là-bas, il a rencontré une femme, une Péruvienne qui l'a introduit dans le milieu de l'import-export, ce qui a changé sa vie. Depuis que je suis petit, son nom a toujours été associé à l'électroménager, en particulier ce lave-vaisselle – le premier dans la famille – offert à ma grand-mère à Noël 2011. *Contrebandier*, voici le mot par lequel mon père a pris soin de me le définir un après-midi où je lui ai demandé de m'expliquer pourquoi mon oncle avait plus d'argent que nous. Ton oncle Casimiro est contrebandier, a dit papa, il fait rentrer de la marchandise en cachette dans le pays, il paye pas d'impôts, si c'est pas un voleur, ça y ressemble beaucoup. Pour moi, l'oncle Casimiro a longtemps été l'oncle de l'électroménager (de fait, à une époque, j'ai cru que *Oncle Casimiro* était une marque de réfrigérateurs), jusqu'à hier, quand il nous a raconté à mes cousins et moi qu'il avait échangé des coups de feu avec des flics depuis un camion qui roulait. Ces voyous veulent s'approprier notre travail, nous a-t-il dit, mais ça suffit comme ça : on a rencontré une famille dans un village à la frontière, ils vont stocker nos téléviseurs. L'impôt c'est du vol, dit-il pendant que le *chuño* fond dans sa bouche.

Je meurs d'envie de lui demander s'il importe aussi des PlayStations.

L'HISTOIRE DE L'ONCLE BUENAVENTURA

Il a émigré à Buenos Aires à dix-sept ans à peine. Il s'est barré avec sa copine plus âgée que lui, déjà mère d'une petite fille de deux ans. Comme tant de Boliviens, ils ont travaillé dans un atelier de couture pour des clopinettes. C'est sans doute l'oncle le plus aimé de tous les cousins, parce qu'il revenait chaque mois de décembre en Bolivie avec des cadeaux et était expert en blagues pour adultes. Sa malice argentine en faisait un bon interlocuteur pour les appels téléphoniques chez ma grand-mère ; je me rappelle encore que, dès qu'il appelait bourré, il approchait le combiné de ce qui devait être une enceinte et nous faisait écouter toujours la même chanson sur un migrant qui rêvait de rentrer chez lui. (Aujourd'hui je sais que cette chanson était "Añoranzas", de David Castro.) À Buenos Aires, il a eu deux enfants ; il a déménagé à Ushuaia en 2010, l'année où il s'est séparé de sa femme. Il dit qu'il supporte le River Plate et que son aîné a voulu se jeter sur les voies quand le club est descendu en deuxième division. Dès qu'il parle de foot, l'oncle

Waldo l'interrompt pour lui dire que le Brésil a gagné cinq fois la coupe du monde et que l'Argentine doit l'une des siennes à un camé. L'oncle Casimiro lui rappelle le but de Caniggia pendant le Mondial 1990 en Italie.

Érica, ma sœur, le déteste. Elle dit que quand on était petits il nous touchait là où il n'aurait pas dû nous toucher. Dès que mon oncle vient en visite, Érica fait en sorte que son fils ne sorte pas de sa chambre.

L'HISTOIRE DE L'ONCLE YOJAN

Pour finir, il y a l'oncle Yojan. C'est le plus jeune des frères, il a émigré en 2010, à l'âge de vingt-cinq ans. Il s'est laissé séduire par une de ces annonces dans le journal qui offrent du travail intéressant au Brésil. Son histoire semble sortir de ce genre de reportages sur des migrants exploités qui passent parfois à la télévision brésilienne : durant ses six premiers mois à São Paulo, il n'a vu que cinq fois la lumière du jour. L'homme qui l'avait amené jusque-là – un péquenaud qui ressemblait à Roberto Carlos, d'après son récit – lui a dit que la police le mettrait en prison si on découvrait qu'il travaillait sans avoir les bons papiers. Dans la famille, personne n'a eu de la peine pour lui en apprenant sa situation : ma grand-mère parce que l'oncle Yojan était parti sans prévenir personne ; l'oncle Waldo d'être aussi con et de ne pas l'avoir contacté ; mon père, par jalousie. Il est rentré en Bolivie deux ans plus tard. Où il a rencontré une femme. Elle l'a convaincu d'émigrer en Angleterre ; pour ce faire, ils ont récupéré le contact d'un Argentin expert en formalités administratives pour émigrer. Le temps de réunir la paperasse, l'oncle Yojan et sa copine ont eu une fille : Zulma. Tout laissait croire que leur voyage en Angleterre serait reporté à cause de ce nouveau membre dans la famille, mais la copine de l'oncle

Yojan a dit qu'elle ne comptait pas changer ses plans. En échange de deux mille dollars, l'intermédiaire lui a trouvé un travail de serveuse à Leeds. Et, en plus, un visa étudiant et un vol avec cinq escales à bon prix. L'idée était que l'oncle Yojan la rejoigne deux mois plus tard, une fois qu'elle se serait installée là-bas et qu'il aurait réuni assez d'argent pour payer l'intermédiaire pour son voyage à lui. Pendant ce temps-là, le bébé devait rester chez nous, aux bons soins de ma grand-mère. L'oncle Yojan est parti pour l'Angleterre un matin froid du mois d'août. Il est revenu l'après-midi même : c'est en tout cas ce qu'il a voulu faire croire à ma grand-mère, qui encore aujourd'hui pense que personne n'a arnaqué l'oncle Yojan, que personne ne lui a fait croire qu'il avait un vol réservé sur BoA, et que la distance entre Leeds et El Alto est la même que celle qu'il y a entre Oruro et La Paz. Aujourd'hui, l'oncle Yojan aide l'oncle Casimiro dans l'import-export. Il vit entre Iquique et la Bolivie, ni lui ni sa fille n'ont jamais revu la femme.

À côté d'eux, mon père est un homme sans histoire. Quand l'oncle Waldo fronce les sourcils, les lignes de son front semblent tracer une carte ; chaque ride est un chemin, et cette image me fait voir mon visage telle une mappemonde sans frontières, sans division territoriale : je dois envahir sinon quelqu'un m'envahira, ce n'est qu'ainsi que j'aurai mes propres histoires.

Pour ne pas se sentir trop exclu de la conversation, mon père parle de son passage par le Régiment d'artillerie antiaérienne Bilbao Rioja, à Viacha. Mais, même à ce sujet, ses frères le rabaissent.

Tu crois que c'est difficile ? demande l'oncle Casimiro. Sur combien de flics de la douane j'ai tiré depuis mon camion, à ton avis ? Tu sais utiliser une arme ? T'as tiré sur qui, toi ? T'as fait la guerre, peut-être ?

Comme s'il avait des ailes. Comme s'il ne pesait rien. Lorsque Tayson danse, ses kilos semblent quitter son corps. Il passe d'une boule de graisse à un ballon d'hélium, et l'espace d'un instant me donne l'impression que le rythme va le faire décoller.

Qu'il m'emporte avec lui, me dis-je, qu'il me laisse me suspendre à une de ses chaussures et m'emmène dans sa Corée bien-aimée.

Deux filles l'accompagnent. L'une d'elles est Araceli, sa copine ; l'autre doit avoir quinze ans et porte une chemise rouge à carreaux et un jean noir. Si Tayson est un ballon d'hélium, ces filles sont des plumes. Deux hommes à casquette s'approchent pour regarder la chorégraphie.

La chanson reste dans la tête. Au refrain, le chanteur dit quelque chose comme "*You love me*" et la fille avec la chemise à carreaux fait un saut gracieux. Les pas d'Araceli, contrairement à ceux de ses camarades, sont maladroits. Les hommes à casquette en parlent, l'un d'eux dit : mais elle est bonne quand même.

Des mouettes tournoient au-dessus de nos têtes. Le vent soulève la poussière. Regarde-moi ce gros lard, dit l'un des hommes, il est bien moche, hein ? L'autre répond ça oui, qu'il est moche, ce gros lard, ça doit faire un tremblement de terre dès qu'il marche.

Plusieurs chiens se disputent les déchets de la décharge qui ne doit pas se trouver à plus de quinze mètres. Le vent souffle si fort que, de l'autre côté de l'avenue, la terre se soulève au point de filer vers le sud comme un tourbillon.

La casquette d'un des hommes s'envole. Un paquet de biscuits vide atterrit aux pieds d'Araceli.

Voilà. C'est ça que Tayson aime: la musique, les pas, sa basket qui se pose sur la terre comme une feuille sur une flaque. Tayson dit qu'il s'en fout du lycée, de trouver un travail et même de ses vieux fantasmes d'aller vivre à Rio de Janeiro. Ce qu'il veut, c'est danser.

C'est ça que je veux, m'a-t-il dit un après-midi où il m'a invité dans sa chambre pour regarder des vidéos d'EXO sur son ordinateur.

Ensuite il m'a raconté qu'Araceli couchait avec un cousin à elle. Un plus vieux, presque trente ans. Il me l'a dit sans le moindre signe de jalousie ni de honte: au contraire, après m'avoir raconté les détails de cette étrange relation, il m'a dit qu'il l'aimait et qu'un jour il se marierait avec elle.

C'est merdique, mas a vida é assim.

Il m'a aussi parlé d'un concours en Argentine. En mars de l'année prochaine aura lieu un tournoi à Buenos Aires qui réunira les meilleurs groupes de danse K-pop d'Amérique latine. Parmi eux, le représentant de la Bolivie sera présent. Le gagnant ira à Séoul, où s'affronteront des groupes du monde entier. Grâce aux contacts d'Araceli, Tayson a obtenu que son trio puisse participer à la compétition locale, dont la récompense sera de se mesurer aux meilleurs de La Paz et d'El Alto. S'ils sont sur le podium, ils participeront au concours national qui permet de concourir en Argentine avec les meilleurs du continent.

Mais c'est pas juste savoir danser, m'a dit mon cousin. On doit aussi ressembler aux chanteurs.

Je m'en rends compte à l'instant: Tayson semble moins foncé que d'habitude. Je me demande s'il s'est acheté son maquillage à lui, s'il l'a emprunté à sa copine ou s'il l'a pris dans la coiffeuse de la tante Corina.

La chanson se termine quand la rafale de vent fait s'envoler la casquette du deuxième homme et met en pagaille la frange de Tayson.

J'écris à Dino, mais il ne répond jamais. Je fouine sur son Facebook ; la seule chose que je trouve c'est des partages de livres en PDF et des mèmes contre Evo Morales.

La cérémonie de remise des livrets a été reportée. Sucre nous a dit qu'il y a eu du changement dans le haut commandement à cause des élections qui approchent et que la nomination de la nouvelle hiérarchie est retardée. Nous passons nos samedis matin à courir et à ramasser les déchets dans l'herbe. Les instructeurs aussi en ont marre de nous, alors ils nous lâchent vers treize heures et font mine de rien quand ils remarquent que nos cheveux sont plus longs sur les tempes que ce qui est autorisé.

Les membres de ma famille venus d'autres pays me demandent quand la cérémonie aura lieu. Je leur réponds que je ne sais pas, que c'est la faute à Evo.

Un dimanche, Roger, un camarade d'école que ma famille connaît depuis l'enfance, passe devant chez moi dans un costume de Pujllay pour célébrer la pluie et le renouveau de la vie. Pourquoi t'as pas dansé ? me demande ma sœur en voyant Roger depuis la terrasse. J'arrête d'étendre le linge sur le fil pour observer mon ancien camarade. Les éperons de ses sabots à plateforme résonnent dans la rue déserte.

Ceux qui dansaient c'était pour avoir une meilleure note, je lui explique.

Le soir, j'écris à Dino qui me répond par un émoji diablotin. Je vais sur Facebook et la première chose qui apparaît sur mon fil est une vidéo dans laquelle on le voit.

Un drapeau bolivien brûle dans une pièce en adobe. La fumée ne permet pas de bien voir le visage de celui qui tient le drapeau par un bout ni de celui qui applaudit et crie comme un fou, mais je reconnais tout de suite la casquette de Dino. Sur le mur est accrochée une wiphala.

Je mets mes écouteurs pour mieux entendre.

C'est ça, brûle, connard, dit le camarade de Dino.

Beaucoup de gens s'indignent en commentaires. Quelqu'un dit qu'il sait où ils habitent et viendra leur démonter la gueule.

Moi, ça ne me dérange pas ce qu'ils font, même si je sais que Dino pense que je suis le plus patriote de ce pays juste parce que je vais à la Force aérienne et que je connais par cœur tous les couplets de l'hymne national.

J'arrive à l'avoir au bout de trois jours. Je ne l'ai pas cherché, je suis venu à Satélite pour voir Vida mais elle a annulé le rendez-vous dix minutes avant.

Je suis au toboggan, je lui écris.

Dino me demande de l'attendre là-bas.

Presque un mois a passé depuis la dernière fois que je l'ai vu. Le changement est notable. Il est plus maigre, plus voûté. Ses vêtements sont les mêmes mais ils ont l'air neuf parce que le blouson en cuir qu'il porte tout le temps est devenu un peu trop grand pour lui, et sa tête semble avoir rapetissé.

Il me fait une accolade. Enlève sa casquette.

Regarde.

Il a le crâne rasé et, avant que je puisse lui poser la question, il me dit qu'il a dû vendre ses cheveux à un coiffeur pour pouvoir manger un soir. Je regrette pas, ajoute-t-il, je me suis payé une saucisse-frites et une canette de bière.

Maintenant il vit chez un camarade de fac, à Rosaspampa. Demain il commence un nouveau travail, à l'accueil de toilettes publiques. Il a eu le boulot par un copain qui travaille à la mairie.

Et toi, mon Pacsi, qu'est-ce que tu racontes ?

Je devais finir le service prémilitaire samedi dernier, mais finalement non. Y a pas d'ordre du haut commandement, on va devoir attendre encore un peu.

Quelle merde. Et ça en est où avec ta nana ?

Quelle nana ?

Vida. Celle qui te plaisait.

Je ne lui dis pas qu'elle vient de me poser un lapin. À la place, je lui raconte mon expérience à Las Claudinas. Dino acquiesce à chaque détail intéressant. Je finis mon récit et, avec un sourire complice, il dit :

Moi aussi je me suis tapé Esbenka. Elle est trop bonne.

Je l'accompagne jusqu'à chez lui, arrivés devant sa porte il me propose d'entrer. Son coloc nous reçoit, assis sur un canapé.

On se dit bonjour.

Le salon est grand, en désordre. Des livres éparpillés par terre. Une odeur de chaussettes sales. Pas de télévision. J'ai cru qu'on allait boire, ou au moins fumer une moitié de joint, mais au lieu de ça Dino revient avec une carafe de thé glacé et trois verres.

Je tuerais pour un peu de beuh. T'en as ? me demande-t-il.

Je lui réponds que mon fournisseur c'était lui.

Sans drogue ni alcool, Dino peut être aussi ennuyeux que moi. Le seul disposé à rompre le silence est son ami Felixberto qui, sans lever les yeux de son téléphone, me demande ce que je vais faire comme études après le lycée.

Un truc d'ingénierie, je réponds, pour dire quelque chose.

Alors nous nous mettons à parler de la base aérienne et le visage de Felixberto rayonne en évoquant son expérience à la caserne. Il quitte le salon quelques instants. Revient avec un fusil Mauser.

Il dit qu'il l'a subtilisé pendant une parade. Cet exploit lui a coûté un ami : un camarade l'a vu cacher le fusil dans sa malle en bois et Felixberto n'a pas eu d'autre choix que de lui faire la misère pendant un mois entier pour qu'il ne parle pas. Dans ma communauté c'est la honte de pas revenir avec un fusil, raconte-t-il. Ça te donne de l'honneur. Le jour de la remise des livrets, si tu montrais ton arme, plein de filles venaient te voir.

J'attrape le fusil entre répulsion et enthousiasme. Ma main tremble, Felixberto le remarque et me dit c'est chaud. Tu vas vraiment y aller comme ça recevoir ton livret ? Si j'étais toi, je me ferais réformer une bonne fois pour toutes.

Notre conversation n'est absolument pas du goût de Dino. Jusqu'à cet instant je ne m'étais pas rendu compte que mon ami et Felixberto ne s'étaient parlé que pour me présenter. Je me demande ce qu'a dû penser le coloc en voyant sa vidéo du drapeau brûlé.

Dès que Felixberto s'absente dans la cuisine pour aller préparer quelque chose à manger, Dino se met à mal parler de lui.

C'est un facho, murmure-t-il.

Ensuite il me parle des élections qui se dérouleront dans quelques jours. Ils me dégoûtent tous. Tu vas voter, toi ?

Je secoue la tête.

Dino a envie de parler politique, ça se voit. Ou, plutôt, il a envie de faire un monologue comme ceux dont il avait l'habitude quand il avait des invités chez lui et que tout le monde l'écoutait attentivement, y compris Tayson et moi. Il dit qu'il a écrit le premier chapitre de son livre. Ce sera un roman, raconte-t-il, y a pas une seconde dans la journée où j'y pense pas. C'est comme si mon existence tournait autour de ce livre, ajoute-t-il. Je respire pour ce roman, *par* ce roman. C'est comme si j'agonisais et que le livre était ce petit tube par lequel les malades respirent dans les films. J'ai le mal de l'altitude, l'écriture c'est ma bouteille à oxygène. J'espère qu'il en sortira du bon.

Felixberto revient avec une grande assiette de *silpancho* accompagné de salade. On va partager, dit-il.
Dino enlève sa casquette de guérillero pour manger. Sa coupe de cheveux me fait penser à un enfant cancéreux.

Dimanche d'élections. Ma sœur, mon neveu et moi allons à vélo à son bureau de vote. C'est la première fois depuis longtemps que je fais une activité en famille. C'est sympa.

Pour qui tu vas voter ? je demande.

Je sais pas. Je crois que je vais faire un petit dessin.

En janvier prochain j'aurai dix-huit ans. Ce qui signifie que je pourrai voter. Qui je vais choisir ? Je ne sais pas. Le seul président que je connais est Evo Morales. J'ai dix-sept ans, Evo gouverne depuis que j'en ai huit. Avant lui, tout est nébuleux. Je sais qu'il y a eu un certain Goni, un dictateur nain et un président qui s'est fait cramer le visage. C'est tout. L'histoire, y compris l'histoire récente, nous arrive comme une brise légère. Elle ne change rien, ne berce pas nos convictions, ne parvient même pas à nous convaincre que la démocratie est le meilleur des systèmes. L'histoire n'est pas une leçon pour nous, parce que nous ne la connaissons pas, et notre ignorance est telle que mes camarades et moi pensons que le dictateur nabot était bien parce qu'il a remis le pays en ordre et construit l'autoroute qui va à El Alto.

Pendant le déjeuner, l'oncle Buenaventura suggère que j'aille à Ushuaia travailler dans l'atelier qu'il dirige. Papa écoute la conversation et l'interrompt. Il doit étudier, murmure-t-il.

Le premier des membres de ma famille à rentrer chez lui est l'oncle Casimiro. Il dit qu'il aurait bien aimé voir ma remise de livret militaire, mais les affaires avant tout.

Ma grand-mère pleure comme à chaque fois qu'un de ses fils s'en va. En guise de cadeau, l'oncle Casimiro me laisse un billet de cinquante bolivianos sur ma table de nuit. J'en dépense la moitié en jouant toute la nuit à Dota à Villa Adela.

Comme il n'y avait pas assez de lits pour tous les invités, j'ai dû laisser le mien aux cousins de la tante Corina et dormir avec Tayson. Si notre relation s'était déjà distendue, partager un lit n'a eu pour effet que de faire glisser notre agacement de l'émotionnel au physique : je déteste ses ronflements et il déteste mon odeur de pieds. Encore une fois, on ressemble à un vieux couple marié. Un soir, je picole avec des camarades de la compagnie Bravo et je rentre vers six heures du matin. Tayson m'attend, réveillé dans le noir, la lumière de son téléphone éclairant son visage joufflu. Où tu étais ? demande-t-il. Avec mes amis, je réponds. Ensuite il me reproche de ne pas l'avoir invité, je lui réponds que je croyais qu'il détestait tous les gars du service prémilitaire. Alors Tayson éteint son téléphone, se tourne sur le côté et remonte la couverture sur sa tête. Excuse-moi, je murmure, la prochaine fois je t'inviterai.

J'ai plus envie, dit Tayson, et je l'entends pleurer tout bas. Je lui touche l'épaule en disant que je suis désolé. Le lendemain matin, je mets le blason du Corinthians sur Facebook pour m'excuser.

Le reste de la famille s'en va au bout de quelques jours. Mon petit doigt me dit qu'un de mes oncles ne sera pas contre me donner un peu d'argent, alors j'annonce à ma mère que je veux les accompagner à la gare routière. Et le lycée ? demande-t-elle. Aujourd'hui on a juste répète pour la remise des diplômes, je mens. Maman me dit que si je vais jusqu'à la gare, il faudrait que j'en profite pour acheter des fruits au marché.

Une demi-heure avant qu'on se mette en route dans le minibus de l'oncle Waldo, j'apprends que la tante

Zulma, qui est la sœur de la tante Corina et la belle-sœur de l'oncle Waldo, rentrera chez elle en avion.

Tu as déjà pris l'avion ? me demande l'oncle Waldo.

Jamais.

Si tu veux on va à l'aéroport, comme ça tu découvres.

L'oncle Yojan se vexe en apprenant qu'aucun de ses neveux ne l'accompagnera à la gare, mais je m'en fiche. En plus, j'ai vu ma grand-mère lui donner un billet de deux cents hier soir après le dîner, ce qui me fait penser que c'est un crevard et qu'il ne me donnera rien.

L'aéroport est l'endroit le plus propre que j'aie vu de ma vie. À chaque fois que je me l'étais imaginé, j'avais pensé que tous ceux qui voyageaient dans les airs étaient blancs avec des yeux clairs. Je me trompais complètement. Dans la queue du check-in, la plupart des gens sont aussi foncés que moi. Une femme en jupon avec un bébé dans le dos est juste derrière ma tante. Un type qui ressemble à Dino se met dans la file et fait des grimaces au bébé pour le faire rire.

La tante Zulma dit au revoir à tout le monde avec une accolade plutôt tiède. Mais quand vient le tour de Tayson, elle est émue et laisse couler une larme. Mon cousin la serre dans ses bras comme s'il voulait lui broyer le squelette.

Nous rentrons à la maison vers midi. Pendant qu'on aide ma grand-mère à mettre la table, l'oncle Waldo me demande si j'ai déjà songé à vivre un jour ailleurs qu'en Bolivie. Je lui dis que non. Papa nous regarde avec ces sourcils froncés qui semblent une partie essentielle de son visage. Il dit : si tu pars, ce sera comme déserter. Il faut rester pour sa patrie. Il faut lutter pour elle. On est en guerre, en guerre contre la pauvreté, contre la corruption, personne ne doit baisser les bras. Les déserteurs sont la pire chose qui soit. Tayson et l'oncle Waldo se disent quelque chose en portugais.

Wawanaka jan nuwasipxamti, dit ma grand-mère.

Janiw nuwasipkti, jan ukham parlamti, dit papa.
Tout le monde jure. Dans une autre langue. Depuis un autre cœur.

Araceli est enceinte, mais cette nouvelle ne terrifie pas Tayson. La seule chose qui le préoccupe est de ne pas être le père. Araceli est perturbée de ne plus pouvoir danser avant longtemps. Elle le reproche à Tayson dès qu'elle le peut.

Il est dix heures, c'est la première fois depuis plusieurs jours que mon cousin m'accompagne pour une de mes escapades. Nous marchons dans Alpacoma. Tayson achète *El Diario* sur un stand de journaux et me demande de l'aider à chercher du travail dans les petites annonces.

Qu'est-ce qui t'intéresse, grosso modo ? je lui demande.

Tout, répond-il.

Cette possible paternité n'a pas été le seau d'eau froide que j'avais imaginé. Au contraire, Tayson m'a confié que le fait de devenir papa lui a remis les pieds sur terre. Avant cette nouvelle, je n'étais rien, dit-il. L'enfant qui est en route sera son fil de terre, ce coup de pied au cul qui vous réveille et vous oblige à ne plus perdre de temps. Peut-être que nous, les humains, avons des enfants pour cesser de nous tuer nous-mêmes. Les parents transfèrent à leurs enfants le droit de les tuer. Peut-être que nous avons des enfants – et les élevons – pour cesser d'être nos propres assassins.

Ces réflexions taysoniennes me donnent le tournis et me font regretter l'ancien Tayson, celui qui avait l'air de dégringoler comme une patate géante entre Ciudad Satélite et La Paz, à toute allure et au ralenti en même temps : une présence grosse et inévitable qui est arrivée pour secouer ma vie et, pendant cette secousse, me faire regarder avec attention ce que je n'avais pas vu avant.

Un jour je tombe sur lui au coin de la rue, en train de discuter avec son nouvel ami Iván qui, vu de près, est un Dino version blanche : maigrichon, commerçant, monsieur je-sais-tout. J'essaie d'attraper le rythme de la conversation. Je n'y arrive pas : ils se font des private jokes comme celles que Tayson et moi nous faisions avant et, quand ils se sourient, semblent se faire un clin d'œil invisible qui vient sans doute d'un après-midi de jeux en ligne ou d'une bouteille d'alcool partagée.

Tu pourrais persévérer dans le livre d'occasion, lui dit Iván.

Tayson fait non de la tête.

On pourrait vendre Tunupa, dis-je.

Iván s'agace. Il dit que je suis un ignorant, que je n'ai aucune conscience de rien. Il parle d'Histoire et d'un paquet de trucs qui ne m'intéressent pas. J'arrête rapidement de l'écouter et mon esprit voyage, une fois de plus, vers les yeux d'Esbenka. Quelques jours après notre première et unique rencontre, j'ai visité le quartier où se trouvait le bâtiment. J'ai arpenté la rue en pensant à elle, imaginant sa vie. Je voulais la voir sortir du lieu et savoir quelle direction elle prenait. La seule chose que j'ai pu voir a été une fille aux cheveux rouges qui portait un jean trop serré, un bonnet et un poncho à l'aspect peluché qui lui couvrait tout le corps. À quoi ressemblait Esbenka quand elle était plus qu'une peau ? Quel chemin prenait-elle ? Quelle musique sortait de ses écouteurs ? À quoi rêvait-elle ? Quel était son plat préféré ?

C'est quoi ton plat préféré ? je demande à Iván, juste pour poser une question.

Je n'ai pas de plat préféré. Peu importe tant qu'il y a de la viande dedans.

Donc tu es un amateur de cadavre ?

Exactement, dit Iván. S'il n'y a rien de mort dans mon assiette, je ne mange pas.

Tayson rit.

Nous marchons dans la rue tandis qu'au loin le soleil fait sa chorégraphie d'au revoir. Le ciel change de couleur à mesure que nous avançons. Iván rabâche sa leçon sur les monolithes. Je lui dis d'arrêter de faire chier avec ça.

Rien que pour ça, aujourd'hui je vais dégommer Tunupa à coups de marteau, dis-je.

Tayson me demande de me calmer. Tunupa porte chance. En vrai.

Si je casse Tunupa en mille morceaux, me dis-je à voix haute, je pourrais en distribuer des petits bouts à différentes personnes. Plein de chance. Un morceau pour chaque malheureux de ce pays sans accès à la mer.

De Tayson, il me reste surtout la musique. Et je ne parle pas de K-pop, mais de l'harmonie de sa parole.

Son espagnol est dansant, différent de celui que ma famille et moi parlons, qui est très souvent rustre et doux à la fois, comme un rugissement d'ours enroué. Sa langue danse, s'entremêle à je ne sais quel passé africain, glisse sur le langage huilé par le portugais (je parlerais bien de samba, mais je n'ai jamais écouté cette musique de ma vie et Tayson dit qu'au Brésil personne n'écoute ça, c'est juste du pur marketing, donc je parlerai de foot : sa langue maternelle dribble, fait des têtes et marque tout le temps, y compris des buts contre son camp). Mais quand il veut passer à l'aymara, il échoue, car son sourire brésilien est un trou trop grand pour le minuscule orifice de la joie andine. Je l'ai vu de mes propres yeux la fois où on a abordé des filles qui nous mataient depuis le stand de glaces. La discussion se passait bien jusqu'à ce que Tayson sourie et que l'une des deux murmure quelque chose à l'autre, puis elles sont parties.

C'est qu'il faisait peur, son sourire, m'a dit l'une des filles quelques semaines plus tard quand je l'ai recroisée au même endroit. Il sourit en montrant les dents, tu vois ? Qui fait ça ? On dirait un fou.

Je me regarde dans la glace. Je souris. J'ai du mal. Je regarde une photo de Tayson sur mon portable et j'essaie d'imiter son expression. Impossible. Les Andes ne croient pas au sourire qui montre les dents. Les Andes croient aux petites bouches, celles qui ne servent qu'à ce qui est nécessaire, comme manger ou souffler. C'est pour ça qu'on est si doués en flûte de Pan et en quéna. Pour ça que Tayson ne comprend pas bien la joie de sa copine, Araceli. En dehors de la K-pop, ces deux-là sont des musiques différentes, une cuica et une tarka, un "*Chorando se foi*" et un "*Llorando se fue*". En apparence une seule et même chose, mais pour nous qui vivons ici, deux choses complètement différentes. Il manque un bon poncho à la version lambada.

Vous allez nous manquer.

Dit le sous-off Pari pour commencer la matinée. Sept heures. Pari nous raconte que le haut commandement a donné son feu vert pour que la cérémonie de remise des livrets ait lieu samedi prochain. Vous me manquerez, dit-il encore. Puis il nous ordonne de nous diriger vers le terrain d'entraînement.

Chuquimia, notre chef d'escadre, n'est pas venu à cause d'une beuverie épique et c'est moi qui dois prendre sa place. Je n'ai jamais voulu être celui qui commande. Je trouve ça débile. Être chef d'escadre est une responsabilité supplémentaire. Tu marches différemment. Tu te comportes différemment. À gauche! crie Pari, et je sais que je suis dans le pétrin. Si les conversions simples me semblent difficiles, celles d'un chef d'escadre sont pour moi impossibles. Qu'est-ce que t'as, Pacsi? crie Sucre. J'imagine qu'il va me sanctionner. Mais à la place il murmure quelque chose à Pari, tous deux se mettent à rire et leur rire m'accompagne jusqu'au terrain d'entraînement, je fais la première pompe.

Après la première session d'exercices, Sucre nous laisse souffler et Mamani en profite pour sortir son téléphone. Ça va faire des vues, dit-il. Il me le colle sous le nez. Avec une voix off de documentaire, il dit:

Et voici la plus grosse chienne de toute la Force aérienne: Pacsi.

Tout le monde rigole.

Mamani a une chaîne YouTube, il dit qu'il postera la vidéo de notre dernier jour de service dès cet après-midi.

Salas, qui est le plus âgé d'entre nous vu qu'il a repiqué deux fois à l'école primaire, lui fait un doigt d'honneur quand la caméra arrive sur lui. Mamani change de voix :

Ce que vous voyez là est un bizuthosaure, plus connu sous le nom de Salas. Son habitat naturel est le lycée car il aime redoubler et recommencer encore et encore la même année scolaire.

La nouvelle qu'aujourd'hui sera notre dernier jour m'a surpris comme tout le monde. Je hais ce lieu, mais même dans la haine la plus viscérale il y a de l'habitude, or l'habitude génère de la nostalgie. Dino m'a raconté qu'il avait lu dans un livre que peu importe l'âge que vous avez, quinze ans sera toujours la moitié de votre vie. Pour moi, la moitié de ma vie sera toujours cette dernière année. À partir de maintenant, tout ce qui m'arrivera ne sera qu'une pâle imitation de toutes mes premières fois : toutes les jambes que je caresserai seront une version frauduleuse des jambes d'Esbenka et tous les corps porteront ce nom : Esbenka. Vida sera Esbenka le jour où nous nous embrasserons sur la petite place du toboggan et que mes mains en profiteront pour caresser sa taille ; Esbenka sera mon épouse ; moi-même je serai Esbenka à l'âge de soixante ans, quand je me regarderai dans la glace et que la seule chose que j'y verrai seront ses traces, marques invisibles que je convoquerai lorsque la nostalgie m'envahira.

Le passé a un corps de femme.

Sucre nous demande de nettoyer une dernière fois l'herbe derrière le grillage. Sur ce même terrain, il y a presque un an, Tayson et moi recevions notre première sanction : je ne m'étais pas coupé les cheveux et il avait oublié le deuxième couplet de l'hymne national.

Regarde, une capote, ouf, dit Aróstegui.

Je te file dix pesos si tu vas voir si y a encore du sperme dedans, dit Mamani.

Va te faire foutre. T'as qu'à le faire.

Mamani filme les messages sur le grillage. Il parle à sa caméra : si ce n'est pas de l'amour, je ne sais pas ce que c'est.

Soudain mes camarades de nettoyage se mettent à parler de ce qu'ils feront après le lycée. La plupart disent vouloir suivre une carrière militaire. Ils parlent d'entrer à l'École militaire ou à l'Académie de police. Salas dit qu'il fera l'École d'ingénierie militaire.

L'EMI ? demande Pacheco sur un ton moqueur. C'est rempli de gosses d'Indiens du quartier Eloy Salmón.

Après le mess, le sous-lieutenant Aldana nous informe que le colonel est en inspection sur la base aérienne. Il n'est pas seul : une file de nouvelles recrues attendant leur tour de visite médicale va jusqu'à la porte de l'infirmerie ; par ailleurs, un groupe d'étudiants en communication filme tout sur son passage pour un documentaire.

Mamani filme les gens qui filment et demande à Aróstegui, qui a le téléphone le plus moderne de toute l'escadre, de le filmer en train de filmer et demande si tous ceux qui ont un téléphone sous la main peuvent suivre la séquence, pour créer une chaîne de vidéos comme une métaphore de la chaîne de subordination à laquelle nous avons été soumis toute cette dernière année, ce qui donnera une touche artistique à son film.

Arrête tes conneries, Mamani.

Le colonel arpente la base aérienne en tenue sportive bleu marine et képi camouflage. Sa présence est impressionnante, typiquement celle d'un gros qui, à force de s'entraîner, est devenu un musclor ventru.

La victoire ne s'improvise pas ! Soyons prêts à la remporter ! crie tout le bataillon lorsque nous avons formé les rangs dans la cour centrale. C'est le dernier discours de la journée, le dernier de l'histoire, et le colonel, depuis le centre du rectangle, nous dit que Dieu et la patrie passent avant tout.

La voix du colonel est si forte qu'il a l'air d'utiliser un micro. Il nous parle du pays que nous défendrons d'une éventuelle guerre, un pays dont je connais à peine deux villes et la forme sur une carte en papier que j'ai découpée en primaire. Vous êtes la génération qui récupérera la mer, dit-il, mais cette mer aura un coût. Vous allez lutter. Vous devez vous y préparer.

C'est la fin, me dis-je, notre dernier jour de service, et je fais un bilan mental de toutes les coiffures que je pourrai avoir quand mes cheveux auront retrouvé leur longueur normale. J'imagine une frange qui recouvre en partie mon sourcil gauche, similaire à celle de Tayson et de ses amis emos, mais avec de la dignité. Je pense aussi à cette crête que j'ai vu portée par ce blond l'autre fois à Calacoto. Rasé sur les côtés, pointes dressées. Je me demande si mes cheveux piqueront le menton d'Esbenka ou de Vida quand je les embrasserai dans le cou. Quelque chose me dit que je me pose la question pour rien. Aucune nana à l'horizon, aucune piqûre. Enfin, juste une : les mots du colonel, qui piquent mes pensées telle une aiguille faisant éclater un ballon rempli d'eau :

La boxe, vous avez pratiqué, n'est-ce pas ?

Mamani me met au courant : le colonel a dit qu'on allait se battre entre nous. Pour quoi faire ? Parce qu'il ne veut pas de bagarre quand on se retrouvera dans la rue. Aujourd'hui tout se termine, dit-il, aujourd'hui tout meurt : samedi prochain vous serez des hommes, et les hommes se battent quand il y a la guerre, pas pour des conneries.

Et puis, c'est une tradition. Des copains réservistes nous en ont parlé dès notre premier jour de service prémilitaire. On ne les a pas crus, on pensait que c'était encore un de ces racontars avec lesquels les soldats nous bourraient le crâne de mauvais présages, comme l'histoire de cet avion de la Seconde Guerre mondiale tombé je ne sais pas pourquoi sur le terrain qui est aujourd'hui l'aéroport, ou encore celle du bizuth qui aurait mangé de la matière fécale sur ordre de Sucre.

Bohórquez nous explique comment ça se passe :

Il y en a un qui sort du rang. On lui donne les gants. Il crie le nom de celui avec qui il a un problème. Ils se battent. Vous pouvez choisir quelqu'un de votre escadre ou d'une autre compagnie. Vous pouvez aussi choisir un instructeur ou un soldat. Si vous avez des couilles, bien sûr. Chaque escadre a droit à deux boxeurs maximum. Si personne ne veut boxer, le chef d'escadre doit enfiler les gants.

Le premier à s'avancer est Gaspar, un camarade de la compagnie Alfa. Urquieta ! crie-t-il d'une voix qui ne semble pas connaître le mot peur. Urquieta sort du rang de la compagnie Bravo. Un soldat leur fournit les gants et les casques d'entraînement. Les deux prémilitaires ôtent leur veste. Gaspar est petit, quand il bouge il me fait penser à un singe avec une dague. Urquieta, lui, est grand et obèse et, vu ses mouvements, on peut déduire que ça ne sert à rien de faire deux têtes de plus que son adversaire : à la boxe, l'important c'est la technique. Le premier coup de Gaspar est une ode à l'efficacité des cours de boxe que le sous-officier Aldana a donnés aux conscrits de la compagnie Alfa pendant les heures d'arrêt : Urquieta flanche et recule de deux pas, assez pour que son rival se chauffe et lui assène un coup de poing qui le met à terre.

Le colonel dit que ça suffit.

Gaspar rejoint son escadre avec une démarche de gangster. Tout en lui est une arme, et à son expression je sais qu'il n'en a pas fini avec Urquieta : sa démarche me dit qu'il a envie de plus et que, s'il ne chope pas Urquieta à la sortie, il ira se frotter au premier mec bourré et poursuivra ce que le colonel a interrompu. Le suivant à s'avancer est un camarade dont je ne connais pas le nom.

Pacheco ! crie-t-il.

Trois Pacheco sortent de trois compagnies différentes.

Précisez ! crie le colonel.

J'appelle Pacheco de la compagnie Charlie pour régler des comptes, mon colonel !

Je sens le soupir de Pacheco sur ma nuque. C'est la peur, je le sais, et cette certitude me fait esquisser un sourire qu'il me faut aussitôt effacer. Le camarade de la compagnie Alfa enlève sa veste : son t-shirt vert olive est serré, signe qu'il s'entraîne. Je pense que Pacheco n'a aucune chance, mais quand ils commencent à se battre, le camarade glisse et Pacheco en profite pour le frapper à la nuque. L'autre réagit par un coup de poing qui frôle à peine son casque. Pacheco, qui a visiblement oublié les règles, lui donne un coup de pied et Bohórquez se précipite pour les séparer.

Le colonel intervient.

C'est de la triche. Vous n'avez donc rien appris ? Qui est ton instructeur ? Tous les deux aux arrêts pour aujourd'hui !

Les combats suivants se déroulent sur la même dynamique : quelques coups chacun, et l'un des deux qui fait une erreur. Le seul mémorable est celui qui oppose deux filles : elles ont boxé plus de dix minutes, et si elles avaient pu continuer à se battre, il n'y a aucun doute qu'elles l'auraient fait. Le colonel les a félicitées. Avant que la première combattante rejoigne son escadre, le colonel lui a demandé pourquoi elle avait choisi cette adversaire-là.

Elle me harcèle sur Facebook, mon colonel.

Vient le tour de mon escadre et aucun de mes camarades ne se porte volontaire pour régler des comptes avec qui que ce soit. Il doit être environ dix-sept heures trente. Au loin j'aperçois Vida : c'est la plus petite de son escadre, son uniforme se démarque parce qu'il semble plus serré que celui de ses camarades (elle m'a raconté qu'elle met des pinces pour le cintrer un peu). Je sens ses yeux attendre que je fasse le premier pas, celui que je dois faire non pas en tant que chef d'escadre, mais parce que je suis un homme.

Le colonel demande s'il y a des volontaires. Je fais un pas en avant.

Qui veux-tu affronter, Pacsi ?

Le sous-officier Sucre, mon colonel !

Je sais que Mamani filme tout et c'est pour ça que je fais attention à bien avancer jusqu'au milieu de la cour avec détermination. J'imite la démarche de Gaspar, son rythme, sa silhouette de petit singe avec une dague.

J'évite de regarder Sucre : un contact visuel avec lui reviendrait à calibrer l'amplitude de ma défaite.

J'enlève ma veste. Sucre approche à grands pas énergiques (de fait, ce sont les pas les plus sonores que j'entendrais de ma vie, après les talons de cette femme descendant les escaliers d'une maison vide, plusieurs années plus tard). Bohórquez me met le casque, me donne les gants.

Ils sont humides.

Ce n'est qu'en me mettant en garde que je remarque que Sucre n'a pas de casque. Il fait des petits sauts. Me colle une droite.

C'est comme à la télé : je vois flou, deux Sucre, et il ne manque plus que des petits oiseaux qui tournent autour de ma tête pour compléter le cliché. Un jour, il y a un ou deux ans, Lucas, mon jeune neveu, m'a énervé et je l'ai giflé pour me venger. Pour ne pas me sentir trop humilié, je me dis que les coups que je reçois ne sont qu'un retour de karma pour avoir abusé d'une personne bien plus faible que moi. Nouveau crochet : d'autres petits oiseaux. Selon la règle, un adversaire peut recevoir jusqu'à cinq coups sans réagir ; ensuite Bohórquez doit stopper le combat et déclarer gagnant celui qui a le plus attaqué. Je m'en suis pris déjà quatre, Sucre me tourne autour en sautillant, comme s'il cherchait le meilleur angle pour le K.-O.

L'important est que je sois encore debout, ainsi personne ne pourra dire que Pacsi est tombé avant l'heure. Y penser me redonne de l'énergie : je me remets en garde et Sucre arrête de bouger les pieds. Ça arrive presque par automatisme : le sous-off est sur le point de m'achever par un crochet dans l'abdomen quand je lui mets un coup de pied dans l'entrejambe. Bohórquez nous sépare ; le colonel me dit un gros mot. Sucre s'accroupit, se tord comme un enfant qui vient de se prendre un ballon là où ça fait le plus mal. Aux arrêts ! crie le colonel. Vous ne méritez pas votre livret ! Bohórquez m'enlève mes gants. Je retire le casque. Je ramasse ma veste par terre et entends siffler depuis l'une des compagnies. Les sifflements redoublent : je me sens tel un footballeur qui a raté un penalty et doit encaisser les huées de tout un stade. Je rejoins mon escadre, mort de honte, mais en même temps fier d'avoir ruiné la soirée de Sucre. Aujourd'hui c'est samedi, et comme chacun sait, les instructeurs iront au bordel à deux rue de la base aérienne. D'après ce qu'on dit, certains y vont même en uniforme. Pauvre Sucre : pas de sexe aujourd'hui, bien que ça n'ait aucune importance. Demain, il aura retrouvé ses moyens, ira aux putes à la Doce, rentrera chez lui le soir, embrassera ses enfants, discutera avec sa femme, ne voudra pas la baiser à cause du goût de la prostituée qu'il porte encore sur lui, dormira sur ses deux oreilles, se réveillera à six heures, prendra une douche, un café et du pain pour le petit-déjeuner, se mettra au garde-à-vous devant un supérieur, fera chier un bleu, regardera sur son portable les listes des nouvelles recrues féminines et sourira en découvrant que plusieurs ont le même nom que celle qu'il avait l'habitude de se taper dans le hangar à hélicoptères, il parlera à la première journée des conscrits, chantera l'hymne nationale, regardera le drapeau bolivien, sera ému au moment de "*De la patria / el alto nombre*", se souviendra de son passage à l'École des Sergents, quand à dix-huit ans il a compris que la seule chose qu'il désirait dans la vie était de commander et être commandé, subordination et constance, il chantera comme jamais il n'a chanté, car le sexe redonne de l'énergie, il regardera les corps des petits soldats et se sentira meilleur qu'eux, regardera leurs peaux tannées et se sentira plus important, plus blanc, criera vive la Bolivie!, les petits soldats l'imiteront, il formera les rangs et se préparera pour une nouvelle journée d'instruction, une nouvelle journée à servir la patrie, la fille préférée du Libertador.

Cette putain appelée Bolivie.

Tayson dit qu'Araceli a calculé et que c'est impossible qu'il ne soit pas le père.

Comment elle peut en être aussi sûre ? je demande. Mais Tayson ne répond pas. Il est ému. Il dit que si c'est une fille, elle s'appellera Yang Mi, et que si c'est un garçon, Sux.

Ce soir je sors avec Vida, en se disant au revoir devant la porte de chez elle, on s'embrasse sur la bouche. Le lendemain, on sèche les cours pour aller se promener à la lagune de Cota Cota. Nous mettons presque deux heures à y arriver. Vida a peur des canards, alors à chaque fois qu'on s'embrasse, elle se décale une seconde pour vérifier qu'il n'y en ait pas un qui vienne la picorer.

Nous déjeunons dans un restaurant de Chasquipampa. Elle m'invite.

C'était comment ton samedi aux arrêts ? me demande-t-elle.

Pas si mal. Une demi-heure de punitions. Après il a fallu laver la voiture des supérieurs. Le truc chiant, c'était que, comme y avait pas de lumière, on savait pas si c'était propre.

La vache. Sucre a dû avoir envie de te tuer.

C'est clair. D'ailleurs c'était ma plus grande trouille. Ce qui me faisait le plus flipper, encore plus que les punitions. J'avais peur qu'il débarque et me casse la gueule sur place. Heureusement je l'ai pas vu de la journée.

Bon, en tout cas, samedi tout est fini. Donc tu sais ce que tu vas étudier maintenant ?

Sa question me fait plus mal que toutes les punitions du monde. Je réponds :

Non. Peut-être rien. Peut-être que je deviendrai commerçant. Je veux mettre de côté pour lancer mon affaire.

Vida reste silencieuse. Elle finit par dire :

Si ton affaire a un lien avec quelque chose que tu aimes, tu réussiras. J'ai vu à la télé l'histoire de filles aux États-Unis qui vendaient des comics dont les personnages étaient leurs clients. En gros, tu leur disais quelle histoire tu voulais et elles te la dessinaient avec toi dedans. C'était top. Personne n'aurait cru que ça marcherait aussi bien, mais elles ont prouvé au monde que tout ce que tu fais avec amour peut se transformer en argent. Peut-être que si tu trouves une chose que tu aimes beaucoup pour ton affaire, les gens verront tout le cœur que tu y mets et ils achèteront tes produits.

De l'amour ? je demande sur un ton moqueur. Moi, je vendrais n'importe quoi. Ce qui importe c'est de faire de la thune, du cash. Mon amour à moi, c'est le fric.

Nous rentrons à El Alto en téléphérique. Sur le trajet, Vida m'aide à réfléchir à des stratégies pour démarrer ma propre affaire. J'aime bien Vida. Je l'aime vraiment bien. Quand je suis avec elle, c'est comme si les centaines de cerveaux qui habitent dans ma tête s'éteignaient. Chacun produit en même temps des dizaines de pensées, y compris durant les moments de grande tension, comme ces quelques secondes où Sucre me démonte la gueule. Ce sont des cerveaux faits pour le mal, ils ne m'aident jamais quand j'en ai besoin – au lycée, par exemple –, au contraire ils projettent mille possibilités dans ma tête et conjuguent mes actions à toutes les formes possibles : au passé, au futur, au conditionnel. Un "je mate du porno dans ma chambre" se transforme en "j'ai maté du porno dans ma chambre" et ce souvenir s'interpose entre mes yeux et l'écran comme une cascade mnémotechnique à travers laquelle ma vie se déroule toujours comme à travers un filtre. Il n'y a aucune pureté dans mon ici et maintenant. Mais quand je suis avec Vida, la moitié de ces cerveaux s'éteint et je vis le présent sans que le passé ne le contamine trop.

Nous survolons Sopocachi. Vida fait un selfie et le poste immédiatement sur Facebook. Tu veux pas que je te prenne en photo ? demande-t-elle. Je cache mon visage derrière mes mains.

Nous arrivons à Satélite vers quatorze heures. Vida doit trouver des toilettes publiques pour remettre son uniforme. Sur la petite place du toboggan, on se fait le plus long baiser depuis qu'on se connaît. Mes mains descendent jusqu'à ses fesses. Vida attrape mes poignets et les écarte d'elle. Je réessaie, cette fois c'est elle qui s'écarte en me disant qu'elle n'est pas prête pour ça. Je la prends par la main et nous marchons en direction de chez elle.

Sur l'avenue del Policía, la circulation est si intense que nous devons traverser à toute vitesse. Un chien qui nous attendait de l'autre côté nous aboie dessus tout de suite. Il veut nous mordre.

Vida et moi courons main dans la main dans toute la rue pavée. Une fois que nous sommes suffisamment loin du chien, un deuxième – plus grand et avec une cicatrice rose sur le museau – nous aboie dessus furieusement, puis plusieurs de ses congénères se joignent à lui. Vida se jette dans mes bras, se protège avec mon corps. Quelques secondes plus tard, une dizaine de clébards aboient tout autour de nous et la seule idée qui me vient est d'enlever l'une de mes chaussures et de menacer celui qui semble être le mâle alpha. Sur ce, une dame apparaît avec un balai. Elle fait fuir les chiens.

Il ne reste qu'un court sur pattes d'un blanc sale. Je le connais celui-là, dit Vida. Il vit près de chez moi. Il est sûrement venu nous défendre.

Je n'assiste pas à la cérémonie de remise des livrets militaires à cause d'un énorme rhume. J'ai de la fièvre. Tout mon corps me fait mal. Papa met son costume de fête pour me motiver et demande à maman de faire pareil.

Elle dit qu'elle n'enlèvera pas son pyjama tant qu'elle ne me verra pas rétabli.

La fièvre me donne des cauchemars, des hallucinations. Mon sommeil, cependant, connaît des épisodes de totale placidité, une prairie paisible où mon esprit s'ébroue comme il ne l'a pas fait depuis des mois. Je rêve de Vida, d'Esbenka. Il n'y a rien de sexuel en elles. Ce sont plutôt deux entités incorporelles, des êtres de paroles, de sons, de souffles. Le souffle d'Esbenka est celui d'un diffuseur de salle de bain. Celui de Vida, de terre mouillé. Je ressens l'envie de la lécher, mais lorsque je sors ma langue il n'y a aucun corps devant moi. Rien qu'un ravin comme celui dans lequel papa raconte être un jour tombé. Et en bas, des chiens, des déchets. Je me réveille vers dix-sept heures et la première chose que je fais est de regarder mon téléphone. Tayson m'a envoyé une photo où lui et Araceli se font un smack sur ce qui doit être un mirador. Mon cousin est de plus en plus gros. Elle a de plus en plus un visage de maman. Tayson m'a dit que le mieux dans la grossesse c'étaient les nichons qui grossissent et qu'il attendait ce moment avec impatience. Justiça de Deus, a-t-il dit. Quand je l'ai rencontrée elle avait pas de seins, maintenant Dieu va m'en donner parce que je me suis bien comporté. Le sommeil s'empare de moi tandis que je pense à Araceli et à l'enfant qu'elle porte en elle. La fièvre fait comme la beuh : elle élabore des théories qui semblent géniales quand la fumée sort, fait germer des idées qui, sur le moment, semblent être la solution à tous vos problèmes. Je pense au livret rangé dans un tiroir de la base aérienne à ma photo au pacsi avec sa coupe militaire la whiphala le drapeau tricolore sucre l'odeur de vida dans mon rêve son odeur dans la vie réelle la terre le lycée dino ses livres les nuages d'el alto l'avenir l'avenir la vie réelle est ailleurs a dit dino l'avion dans lequel tayson est arrivé son enfant mon neveu l'enfant de son neveu l'enfant de mon enfant le révolver de l'oncle casimiro mon père soldat les baisers de vida les noms gravés sur tunupa le futur au coin de la rue un stand à la dieciséis les cheveux qui poussent les coiffures les cheveux longs mon livret de service militaire ce que j'ai de plus précieux me donne envie de le jeter dans les chiottes avant de tirer la chasse papa mettrait les mains dans la merde juste pour le récupérer.

Mon état de santé s'améliore deux jours plus tard. Lundi, treize heures. Papa entre en trombe dans ma chambre. Maman l'escorte.

Pour qui tu te prends, petit con ! me dit-il en m'attrapant par les épaules.

Il n'a pas besoin d'en dire plus : la furie dans son regard est la même que celle de l'oncle Waldo quand il a appris que son fils avait déserté le service prémilitaire. Papa dit que je suis un fainéant, un ingrat. Que je suis une honte, la honte de la famille. Qu'est-ce que tu vas faire sans bac ? C'est la honte. Ton nabot de merde de directeur m'a regardé comme si j'étais un déchet. Tu t'es pris pour qui ? Ma mère pleure. Tout bas, comme quand ma sœur me frappait et que je devais retenir l'intensité de mes larmes pour que mes parents ne la punissent pas. Ma mère pleure tout bas parce qu'elle sait que si elle pleure plus fort, je me ferai démonter par mon père.

Barre-toi, dit-il, plus calmement.

Il attrape mes vêtements empilés sur une chaise et les fourre dans mon sac militaire. T'as cinq minutes pour quitter cette maison.

Il sort de ma chambre en prenant ma mère par le bras. Ça sent la paix, la paix d'une guerre qui vient de finir, les drapeaux blancs et les soldats manchots qui sourient parce qu'il n'y a plus de balles, mais qui aussitôt se réinquiètent en imaginant la tête de leurs fiancées qui voient dans quel état ils sont. Je prends une douche. M'habille. Mets dans mon sac un livre que Dino m'a offert.

Je descends les marches sans faire de bruit. Alors que je m'apprête à ouvrir la porte qui donne sur la rue, ma mère me surprend de sa voix de fumeuse vaincue : où tu vas, gamin ?

Elle me renvoie dans ma chambre et je n'ai qu'une seule envie à cet instant, c'est parler à Vida, entendre sa voix. Je ne peux pas lui écrire parce que je n'ai plus de crédit. Alors j'attends l'après-midi que papa sorte faire ses exercices au parc et que maman aille chez doña Silvia retrouver ses copines de tontine. Je vais à une cabine. Compose le numéro de Vida.

J'ai à peine quarante centimes.

Ce ne sera pas assez pour lui raconter mon histoire.

V

Depuis leur retour du Brésil, il n'y a pas eu un seul jour où la famille de Tayson n'ait pas songé à retrouver ce qu'ils avaient perdu de leur vie passée. Ils ont commencé par vendre des vêtements d'occasion à la Dieciséis, et au bout d'un moment, avec le capital réuni grâce à la couture pendant leurs années à São Paulo, ils se sont acheté une friteuse et ont ouvert un local de poulet frit.

Ça a bien marché, ils ont tiré tous les bénéfices de l'établissement : le matin, quand personne ne mange de poulet frit, le lieu fonctionnait comme centre d'appels et local éphémère de vêtements d'occasion. Après deux ans à peine, l'appartement de Tayson est devenu le plus beau de l'immeuble des frères Pacsi. Ils doivent frayer avec des narcos, disait papa.

Ils ont vendu le local et avec l'argent ils comptent retourner au Brésil. Le cash est là-bas, dit l'oncle Waldo. La tante Corina est la plus enthousiaste à cette idée : elle a beau vivre depuis plus de deux ans en Bolivie, l'altitude lui joue encore des tours. Quand elle parle de feijoão, ses yeux s'embuent.

Ils annoncent leur départ pendant le dîner où Tayson officialise sa relation avec Araceli. L'oncle Waldo a sorti dix packs de bière Paceña dans le salon et, après avoir ouvert sa première, il prend la parole.

Il dit qu'ils s'en vont car leur place est là-bas, à São Paulo. Il dit qu'ils s'en vont parce qu'ils ont des ailes, pas parce qu'ils n'aiment pas la Bolivie. Il félicite Tayson pour la famille qu'il s'apprête à fonder. Toi aussi tu as tes propres ailes, dit-il. Ton nid est ici. La tante Corina veut prendre la parole, mais mon oncle dit santé aux amoureux ! et remplit les verres des convives.

Il trinque au couple.

L'été passe très vite. Vida est prise en architecture et elle a hâte de commencer la fac. On ne baise pas et on se dispute à cause de ça. Je passe presque tous les après-midi chez elle à écouter les albums qu'elle met sur son téléphone et ses avis sur chacun d'eux. Quand elle parle de musique, elle prend le même ton que les geeks qui essaient d'expliquer pourquoi les films de superhéros ne sont pas des navets surcotés et valent la peine d'être vus. C'est une intellectuelle de la musique, une érudite du rock alternatif qui se sert de ses connaissances non pas pour m'éclairer, mais pour démontrer mon ignorance du sujet.

On se sépare la veille de Noël, après que je lui ai annoncé que je pars pour São Paulo. Ma décision d'accompagner l'oncle Waldo et la tante Corina a été si précipitée que je me dis parfois que partir était un désir qui a toujours été en moi. La proposition est venue deux jours après le dîner. J'aidais l'oncle Waldo à installer un canapé qu'il avait acheté à ma grand-mère. Nous avons mis le meuble dans son salon, et comme on chercherait à lacérer le silence avec n'importe quoi, il a demandé : et maintenant, tu vas faire quoi ? Je lui ai répondu que je pensais repiquer ma terminale en cours du soir et peut-être travailler en parallèle dans un centre d'appels. Probable qu'il ait remarqué l'hésitation dans ma réponse, car il a déballé son offre sans vaseline, comme un coup de griffe :

On y va.

Je lui ai demandé où et il a dit : à ton avis ? Au Brésil. On gagne bien sa vie là-bas. Ma grand-mère est arrivée et l'a engueulé en aymaragnol. On avait installé le sofa là où il ne fallait pas et maintenant il fallait le déplacer.

Nous n'en avons pas reparlé jusqu'à l'approche de Noël. Mais l'idée me trottait dans la tête. J'ai voulu aborder le sujet avec Tayson, mais il était trop occupé à travailler pour l'enfant qui était en route. J'ai contacté Dino : il m'a dit de venir le voir, qu'il avait beaucoup de choses à raconter ; il m'a envoyé l'adresse des toilettes publiques dont il tenait le guichet.

J'y suis allé l'après-midi même. Nous avons parlé derrière la vitre qui sépare le guichetier des chieurs.

J'ai des copains là-bas, a-t-il dit dès que je lui ai raconté l'histoire.

S'il vous plaît, jeune homme, a dit une dame qui voulait payer.

Tu te sentiras moins seul, mec.

Il avait l'air en meilleure forme. Dino redevenait Dino : il m'a parlé de politique, de l'histoire du Brésil, de ses parents couturiers en Argentine. J'en suis arrivé à une conclusion, a-t-il dit. J'ai vécu à Buenos Aires et j'ai plein d'amis au Brésil. Je connais aussi le nord du Chili et j'ai parlé aux Boliviens des mines. Je crois que nous, les pays latino-américains, sommes une tentative ratée de quelque chose. L'Argentine est une tentative ratée d'Europe. Le Brésil est une tentative ratée d'être les États-Unis. La question-clé c'est : de quoi la Bolivie est-elle la tentative ratée ?

Jeune homme, a dit un cireur de chaussures avec un passe-montagne, vous pourriez me donner plus de papier toilette si je vous donne vingt centimes en plus ?

Mon destin est scellé pendant le dîner de Noël 2014. L'oncle Buenaventura est arrivé d'Argentine et la première chose qu'il nous raconte est que sa fille, ma cousine Tami, a gagné le tournoi des moins de treize ans organisé par un club de leur ville. Aussi bien mon père que moi savons que l'oncle Buenaventura va me poser des questions sur le bac que je n'ai pas eu, alors nous nous efforçons de le relancer sur sa fille. La discussion tourne autour du tennis : c'était un set infernal, la terre battue était pourrie, ma fille moi je vais l'appeler

Serenita, parce qu'elle joue comme Serena, elle a eu une bourse du country club, ouais, les raquettes Wilson c'est les meilleures. L'oncle Waldo interrompt son monologue sur les services de Nadal pour demander à l'oncle Buenaventura s'il va enfin se bouger l'an prochain pour faire le carnaval de Rio de Janeiro avec lui, comme il l'a promis.

L'oncle argentinisé lui répond sur le ton le plus solennel que sa voix pétulante puisse poser : je pense pas, mon vieux, t'as vu l'état de l'économie.

C'est peut-être plutôt que tu flippes, dit l'oncle Waldo.

Tout le monde rit autour de la table. Tayson s'étrangle avec sa boisson. À peine est-il remis que l'oncle Buenaventura dit qu'à Rio il n'y a que de la drogue et des gangsters.

Flippette, voilà, dit l'oncle Waldo. Puis il ajoute : mais celui qui flippe pas, c'est lui, pas vrai bonhomme ?

Il me fixe en arquant les sourcils. Tout le monde me regarde.

Alors, mon neveu, on part plus au Brésil ?

Je sais que mon père va exploser, alors je ne dis rien. Le temps que papa charge les balles dans sa bouche d'assaut, mon oncle en profite pour raconter le projet à la famille. Il travaillera dans un atelier de couture, dit-il, on a encore des contacts là-bas. Il ne gagnera pas beaucoup, mais ce sera son pas-de-porte. Ensuite il pourra travailler comme gérant dans un magasin. Ça paye déjà mieux. Nous, on s'occupe de son visa et du reste. Il nous aide et on l'aide. C'est un grand garçon maintenant. Dans un mois il a dix-huit ans. Dans cinq ans il rentre en Bolivie avec un bon petit capital. Il pourra étudier. Et même s'acheter le diplôme. Encore plus facile.

Contre toute attente, papa ne réagit pas. Il boit dans son verre avec une mélancolie d'ivrogne qui écoute une *chicha* qui parle des amours déçues. Il caresse sa barbe de deux jours. Il évite tout contact visuel avec moi. Ma mère, dont le ton me laisse penser qu'elle a déjà abordé le sujet avec mon oncle et ma tante, dit qu'elle n'a pas d'argent pour me payer le voyage en bus.

On paiera pour lui, dit l'oncle Waldo. Pessoal, il ira en avion à São Paulo. Faut qu'il débarque avec style.

Ce soir-là j'écris à Vida pour lui dire que j'ai ma date exacte de départ. Elle me félicite. M'envoie le lien d'une chanson en anglais dont les paroles, d'après ce qu'elle m'explique, parlent d'un type qui part en un voyage sans jamais regarder ce qu'il laisse derrière lui.

Elle essaie de me faire la conversation, mais j'éteins mon portable. Ça m'énerve qu'elle ne veuille pas me retenir.

Je suis un peu né dans les Andes. Et les autres parties de moi naitront sur une île.

Hier soir on a appris que l'oncle Casimiro, celui qui vit au Chili, a été arrêté en essayant de faire passer illégalement de la marchandise en Bolivie. Quelques jours avant, des gens du clan de mon oncle avaient mis le feu à des voitures de patrouille en guise d'avertissement. La police s'est laissé intimider. Mais pas les membres de la communauté paysanne qui étaient les complices de mon oncle, ça non. Papa m'a raconté que l'oncle Casimiro avait oublié de leur verser la mensualité en échange des produits de contrebande qu'ils cachaient chez eux, ce qui les a rendus furieux. L'un de ceux qui stockaient des téléviseurs est allé tout raconter à la police, non sans avoir auparavant revendu la marchandise côté chilien et fui dans un village perdu des Andes.

La voiture de police en flammes est apparue dans une vidéo sur Internet. La fumée est abondante et noire, et au loin on reconnaît la Cordillère.

Mon avion décolle l'après-midi de mon dix-huitième anniversaire. Ma mère et ma sœur me disent au revoir à l'aéroport. Papa n'a pas voulu venir.

L'oncle Waldo et la tante Corina sont partis en bus il y a une semaine ; d'après ce qu'ils ont dit, ils voulaient s'arrêter dans d'autres villes de Bolivie, mais moi je suis sûr qu'ils ont décidé de prendre la route parce que mon billet d'avion leur a coûté plus cher que prévu.

J'ai dit au revoir à Vida hier après-midi. Elle m'a offert un CD des Smiths. Je crois qu'elle ne l'a pas fait pour que je garde un souvenir d'elle, mais pour que je ne me tape pas la honte quand mes futurs amis paulistes et moi parlerons musique. On a marché jusqu'au mirador de la Vierge. On s'est embrassés furieusement : elle m'a mordu la lèvre inférieure et j'ai mis les mains sous son t-shirt. Sur ce, un policier a débarqué. Vous n'êtes pas à l'hôtel, les jeunes.

Le soir j'ai rejoint Dino et Tayson. Dino avait retrouvé ses cheveux, et sur sa casquette de guérillero il y avait un patch : l'écusson du Boca Juniors. Il était en meilleure forme malgré un petit quelque chose sur son visage qui révélait la misère qu'il avait récemment connue. Tayson faisait dix ans de plus. Et je n'exagère pas. Maintenant il a deux boulots où il doit porter des trucs. Il m'a payé une Huari et m'a expliqué comment dire bonjour en portugais.

Avant qu'on se quitte, Dino m'a donné un paquet. Il a la forme d'une brique et est emballé dans du papier alu. C'est pour mon pote qui vit là-bas, dit-il. Je t'enverrai ses coordonnées plus tard.

Je lui ai demandé ce qu'il y avait dedans mais il a dit que c'était vraiment très personnel. Je te conseille de le mettre dans ta grosse valise, celle qui ira en soute. N'essaie même pas de l'ouvrir, couillon.

Pas la moindre accolade fraternelle avant de monter dans l'avion. Même pas un tu vas me manquer. J'ai attendu en vain jusqu'à minuit que Vida m'envoie un message où elle me déclarerait son amour et me demanderait de ne pas partir. Je me suis réveillé le lendemain avec la sensation que je faisais ce que je devais faire. J'ai prié tout bas, j'ai demandé à Dieu de veiller sur moi. J'ai caressé Tunupa pour qu'il me porte chance. Et la seule chose que j'ai regrettée, c'est d'avoir tout fait dans les clous : je me suis imaginé voler l'argent que maman planque dans un petit sac sous son matelas, acheter seul mon billet pour le Brésil, partir sans prévenir personne.

Je dis au revoir à ma mère et à ma sœur en agitant la main. Je sais que leurs yeux me suivent tandis que j'avance vers le hall des départs. Je sais aussi qu'elles pensent pareil que moi : pas la moindre accolade fraternelle de la part de ce petit égoïste, même pas une larme. Leurs yeux, leurs yeux et leur esprit me suivent comme je sais déjà qu'ils le feront à chacun de mes pas à São Paulo. Ils me suivent, me poursuivent et ne demandent qu'une chose, que je me retourne pour que nos regards se croisent une dernière fois, pour une dernière seconde de regret, de pardon, super dramatique, Hollywood à mort.

Et je le leur concède : ma mère agite la main au loin et moi je fais pareil.

Dans l'avion, je suis une boule de nerfs. Je mets un temps fou à ouvrir le compartiment où on range les bagages à main, ce qui gêne les gens qui attendent derrière moi.

L'hôtesse de l'air m'aide. Vous savez où vous êtes assis ? me demande-t-elle. Je lui dis que non. Elle prend mon billet et me conduit jusqu'à mon siège. Vous êtes chanceux, dit-elle d'une voix amicale. Vous avez le hublot.

Une sérénité – la première depuis des jours – m'envahit dès que je pose la tête contre la fenêtre. De l'autre côté, un homme avec un gilet orange donne des indications à quelqu'un ou à quelque chose.

Le calme, cependant, dure très peu : l'hôtesse nous demande d'attacher nos ceintures de sécurité et j'ai beau m'y reprendre à plusieurs fois je n'arrive pas à la faire rentrer dans la boucle. La femme à côté de moi – étrangère, visiblement – me met ma ceinture et son doigt frôle mon pénis rabougri.

L'avion décolle. Soudain la ville ne devient plus qu'un seul plan et, quelques secondes plus tard, elle se transforme en carte. Une carte orographique, celles qui n'ont pas de lignes de démarcation et que je trouve par conséquent ennuyeuses. Je sors mon téléphone pour prendre des photos. Mais dans la seconde je me rappelle ce conseil que m'a donné Dino la fois où il m'a raconté son premier voyage en avion :

Ne prends pas de photos. Ou alors prends-en une seule. Le problème avec les photos, c'est qu'elles remplacent les souvenirs, la mémoire. Imagine, tu en prends plusieurs. Le temps passe et, quand tu voudras te rappeler la ville que tu as vue depuis l'avion, tu te souviendras de l'image de ces photos, pas de ce que tu as vu.

Une fois la zone montagneuse dépassée et qu'on est entrés dans le ciel qui doit être celui de Santa Cruz, je me sens la personne la plus seule au monde. Ça n'aide en rien que la femme à ma droite me sourit dès qu'elle me regarde. Ni que, deux rangées devant, le chapeau d'une dame remue comme si sa propriétaire n'arrêtait pas de dire non. Ni qu'Evo me fixe depuis le paquet de biscuits que l'hôtesse vient de nous distribuer. Dans les airs, rien n'est familier.

Je suis parti vers seize heures trente. Il doit être dix-sept heures maintenant. Bien qu'aujourd'hui je n'aie rien fait d'autre que mes valises, je me sens épuisé. Je sors mon téléphone, mets mes écouteurs. Je me perds dans les notes d'une cumbia des années 1990 et je ferme les yeux. Lorsque je les rouvre, je sens une douleur dans mes oreilles et il fait déjà nuit de l'autre côté du hublot. En dessous, un million de lumières scintillent comme des étoiles tombées sur un océan noir.

On dirait les étoiles des collines de La Paz. Mais non.

Ce sont les lumières de São Paulo.

Mes premiers jours dans cette ville sont intéressants et solitaires. La maison de mon oncle et ma tante se trouve dans la zone est de São Paulo. Un immeuble où pas un seul Brésilien n'habite. Les Péruviens du rez-de-chaussée me prennent pour l'un de leurs compatriotes. Dans l'appartement du dessous vit une famille congolaise. Le monsieur s'appelle Charles et la dame Marie. Ils s'engueulent tout le temps. Leurs cris me réveillent tous les jours vers six heures du matin.

Je ne verrai pas de machine à coudre avant vendredi, lorsque l'atelier que mon oncle et ma tante ont acheté leur reviendra officiellement. Nous déjeunons chez Freddy, un compatriote qui vend des casquettes sur l'avenue Paulista. Son histoire est intéressante : il vit à São Paulo depuis vingt ans ; il est né à Escoma, un village de province, et n'a jamais mis les pieds à La Paz, sauf pour prendre le bus qui le conduirait jusqu'ici. De la campagne à la plus grosse ville d'Amérique latine, dit-il. Comme ça, direct. Je ne parlais qu'aymara, je ne savais même pas parler espagnol. J'ai appris ici.

Temps nuageux. Je suis arrivé au Brésil un samedi, le dernier du mois de janvier, et aujourd'hui on est jeudi. Demain sera mon premier jour de travail, je vais donc profiter de la journée. Grâce au GPS, la ville est moins flippante que ce que j'imaginais : être la petite boule bleue de Google Maps est ce qu'il m'est arrivé de plus rassurant depuis des années. Les plans du métro et la corinthianophilie de Tayson aident aussi : la ligne de métro qui te ramène à la maison, c'est

Corinthians-Itaquera. Elle s'appelle comme ça. Souviens-toi de ton cousin.

Dix heures. Je mets ma veste dans un des sacs à dos que j'ai pris avec moi, le plus petit. J'ouvre la fermeture éclair et tombe sur le paquet de Dino enveloppé dans son papier alu. La curiosité a raison de moi. Je retire l'emballage.

C'est de la cocaïne.

J'ai envie d'écrire à Dino et de l'insulter. Mais à la place, je me fais une trace avec mon ticket de métro et je sniffe pour la première fois de ma vie.

Je laisse ma veste dans le sac à dos. Je sors.

São Paulo est un bloc de ciment colossal qui n'a rien à voir avec l'idée de plage brésilienne vendue par les médias. Des hommes en costume et des femmes qui tirent la gueule. Des cernes sur des peaux blanches. Des cernes sur des peaux café au lait. Et tout leur être qui semble dire : travail travail travail.

Ciel gris. Je marche dans l'avenue Paulista et, bien que ce soit la deuxième fois que j'y passe, je me sens comme un vieux loup urbain et je chantonne le refrain d'un morceau de rap que Vida m'a conseillé. À un coin de rue, je vois un Bolivien vendre des shorts avec des blasons d'équipes européennes.

Vinte reais, dit-il lorsque je m'accroupis pour regarder sa marchandise.

Avant de monter dans l'avion, Dino m'a envoyé un message où il me rappelait vivement de ne pas ouvrir son paquet et de ne surtout pas avoir l'air stressé au moment du contrôle des bagages. Puis il m'a souhaité bonne chance et m'a dit qu'il avait enfin la réponse.

La réponse à quoi ? j'ai demandé.

Je sais de quoi nous sommes la tentative ratée, a-t-il répondu. L'Argentine est une tentative ratée d'Europe, le Brésil est une tentative ratée d'États-Unis... La Bolivie est une tentative ratée de ne pas être la Bolivie. Tu piges, mon petit gars ?

Je m'éloigne du stand de shorts et marche sans destination précise. Pour la première fois depuis ces jours-ci, je ressens de la nostalgie pour Tayson, pour Vida, pour mes parents ; et même pour Dino, ce gros connard.

C'est l'été, il fait trente-trois degrés. Alors penser à la Bolivie, c'est comme sentir un souffle d'air frais. C'est la mine effrayée de Tayson, la frange rigide sur son front. C'est le regard d'Esbenka, ces yeux-ravin, yeux-vagin, me disant que je suis entré au plus profond d'eux et que jamais je ne pourrai en sortir. C'est la poussière qui forme des visages, c'est la boue, la pluie, la maison, ma grand-mère.

C'est :

Cet ouvrage a été composé par
Atlant'Communication
au Bernard (Vendée)

N° d'édition : 16194001 – N° d'impression : 2082989
Dépôt légal : avril 2025

Imprimé en France